教师职业发展与减压丛书

教师职业生涯规划与发展

JIAOSHI ZHIYESHENGYA
GUIHUAYUFAZHAN

丛书主编：高峰强

主　编：杜秀芳

副主编：徐兆军

华东师范大学出版社

·上海·

图书在版编目(CIP)数据

教师职业生涯规划与发展/杜秀芳主编. —上海:华东师
范大学出版社,2014.12
(教师职业发展与减压丛书)
ISBN 978 - 7 - 5675 - 2858 - 1

Ⅰ.①教… Ⅱ.①杜… Ⅲ.①教师-职业-研究
Ⅳ.①G451

中国版本图书馆 CIP 数据核字(2014)第 295487 号

教师职业发展与减压丛书

教师职业生涯规划与发展

主　　编　杜秀芳
策划编辑　彭呈军
项目编辑　孙　娟
审读编辑　马兰胜
责任校对　赖芳斌
版式设计　崔　楚
封面设计　杜静静　陈军荣

出版发行　华东师范大学出版社
社　　址　上海市中山北路 3663 号　邮编 200062
网　　址　www.ecnupress.com.cn
电　　话　021 - 60821666　行政传真 021 - 62572105
客服电话　021 - 62865537　门市(邮购)电话 021 - 62869887
地　　址　上海市中山北路 3663 号华东师范大学校内先锋路口
网　　店　http://hdsdcbs.tmall.com

印 刷 者　常熟市文化印刷有限公司
开　　本　787×1092　16 开
印　　张　16
字　　数　232 千字
版　　次　2015 年 4 月第 1 版
印　　次　2023 年 1 月第 8 次
书　　号　ISBN 978 - 7 - 5675 - 2858 - 1/G · 7787
定　　价　32.00 元

出 版 人　王　焰

总序

　　"十年树木、百年树人","百年大计、教育为本"。教育不仅关乎个人的发展、个体的命运,而且承载着薪火相传、民族兴衰、社会进步的历史重任。教育的神圣使命最终要依靠教育的执行者、实施者——教师来完成。正因为如此,古今中外,人们给予"教师"这一职业以极高的评价或界说:"师者,所以传道、授业、解惑也。""教师是太阳底下最光辉的职业。""教师,是辛勤的园丁。""教师是人类灵魂的工程师。""春蚕到死丝方尽,蜡炬成灰泪始干。"……这些描绘中既有对教师基本职责的框定,也有对教师崇高的牺牲、奉献精神的赞誉,但也暗含了教师这一职业的艰辛与悲壮。

　　压力与神圣同在,艰辛与使命并存,教育的神圣性决定了教师这一职业责任重大,任重道远! 自古至今,概莫能外。但伴随着社会的快速发展,人们承受的压力与日俱增,教师这一职业的压力变得尤为突出。作为一名教师,除了要承受一般的生活压力外,还要承受职业压力。教师的职业压力与我们国家长期以来实行的应试教育体制密切相关。"一考定终身"的残酷现实使得全社会都把升学率、考试分数作为衡量一个学校、一名教师教学质量、教学水平的主要甚至是唯一的指标。教师的职业压力来自方方面面——社会要高素质人才,学校要升学率,家长要考试成绩,而学生要自由快乐……这众多的诉求如同一座座大山重重地压在教师的肩头。作为自然普通的存在,教师是人而不是神,他们能做的只有全身心投入到这场没有尽头的博弈中。教师的压力首先表现为"劳力":备课、讲课、批改作业、辅导学生、管理班级、家访……教师每天的工作时间远远超出 8 小时,"早'五'晚'十'"成为许多教师尤其是高中教师真实生活的写照。这还在其次,教师真正的压力在于"劳心":现在的学生越来越有个性,加之他们正处于自我同一性形成与定型的阶段,因此越来越难以管教;家长的要求越来越苛刻,维权意识越来越强,教师稍有疏忽或失误,就可能被问责,甚至被告上法庭;学校对教师的要求也越来越严格,各种指标、考核、检查"接踵而至",无休无止;同事之间竞争日趋激烈,大家都不甘落后,互不相让;职称评审的条件越来越高,越来越难……此外,中国正在进行的基础教育改革和高考制度转型在短期内不仅没有给广大教师减轻压力,反而不断施压:改革的探索、尝试、不成熟都使得教师不得不"两条腿"走路,既要适应新的教改要求,还要继续为"升学率"战斗!游走在两种体制之间,他们常常无所适从,心力交瘁!《南方周末》2015年 1 月 22 日文化版谈及 2014 年的中国网络舆情:"……比如扶弱抑强的'罗宾汉情结',把官员、警察、城管、医生、教师妖魔化为'网上黑五类'。"这是继"文革"期间教师被标签化为"臭老九"之后又一次"榜上有名"。同期还发表对著名作家严歌苓的专访,谈及她的一部新作《老师好美》,读后令人唏嘘:"教师怎么了? 做教师好难!"

种种压力交织在一起,久而久之,必然导致教师的身心出现各种问题。例如,职业倦怠,诸多研究表明,教师是职业倦怠的高发群体。许多教师患有各种慢性疾病——胃溃疡、高血压、心脏病、神经衰弱……有的老师甚至倒在了三尺讲台上——因过度疲劳晕厥,甚至因心肌梗塞不再醒来;有的老师不堪重负,选择自杀来逃避永无休止的压力;有的老师,把自己的焦虑、抑郁、愤怒、无助等情绪发泄到学生、同事、家人身上,结果酿成很多学校悲剧和家庭悲剧。每一个悲剧的后面常常掩盖的是一颗颗焦灼、病态的心灵,而这病态心灵的背后,过大的职业压力往往才是真正的刽子手!

我作为已从教 20 余年的教师,对这一职业的酸甜苦辣、喜怒哀乐、起落沉浮、悲欢离合自然有着切身的体认和透彻的体悟。因工作的关系,平日里我与大中小学校领导、教师有过或多或少、或深或浅的交流和交往;因科研的需要,我对不同层级的教师进行过或集中或分散、或群体或个案的调查研究和咨询辅导;因专业的性质,我热衷于或"被迫"在大礼堂、报告厅或教室里举办过有关教师心理保健方面的正式学术报告、科普宣传、团体培训。近年来我和本丛书分册主编们先后承担过数项有关教师教育及专业成长方面的国家级、省部级科研项目,涉及教师工作压力、职业倦怠、应对策略、心理健康、社会支持、集体效能等众多领域,完成了 20 余篇博士、硕士学位论文和 30 多篇研究报告。我一直想把这些加以充实整理、概括提炼,以形成一个完整的体系,编撰一套有关教师专业发展与减压方面的丛书。我与几位同道中人(本丛书分册主编们)坐下来稍作交流便一拍即合,达成共识——值得做。我们经协商确定了丛书的编撰原则:学术性、趣味性并重,科学性、可读性共存,规范性、实用性一体,针对性、操作性交融;丛书的写作的要求是:丛书主编整体把关,分册主编"分头用兵",各册撰稿人员文责自负。

尽管丛书以教师减压为主线,但教师专业发展和职业生涯规划是基本前提,教师的专业胜任力和生涯规划对压力感受而言至关重要,所以专门撰写一本《教师职业生涯规划与发展》,以发挥引领性、普惠性的作用。至于将教师分成小学、初中、高中、大学四个群体,则基于尽管大家都是教师,但因直面的教育对象和承担的任务各有侧重:小学教师面对的是天真的孩童,一半机灵一半懵懂;初中教师面对的是躁动的少年,一半幼稚一半成熟;高中教师面对的是拼命的考生,一半困惑一半清醒;大学教师面对的是迷惘的学子,一半清高一半失落。就小学、初中、高中教师而言,育人的责任似乎胜过教书;就基础教育来说,完成教学任务是本职或天职,而就大学尤其是重点大学来讲,教师的科研负担压力山大。《小学教师减压手册》、《初中教师减压手册》、《高中教师减压手册》、《高校教师减压手册》各自为战且目标一致:减压,以获致针对性、适切性的效果。

本套丛书的出版也颇费周折:初稿已经成型时,原约稿的出版社因领导更换,莫名其妙地将原定的口头协议废止,致使丛书"几近胎死腹中"。我们另寻觅了几家出版社,虽对选题和内容很感兴趣,但关于体例和字数等各执己见,难以达成共识。正值尴尴难解之际,华东师范大学出版社教育心理分社社长彭呈军先生慧眼抬爱、鼎力襄助,决定出版本丛书。至今仍未谋面的孙娟编辑不辞辛苦,前后张罗,使丛书以最快的速度、最佳的风姿呈献在广大可亲、可爱的教师面前,在此谨代表作者和读者一并鞠躬致谢。书稿写作过程中,我们查阅、参考和引用了大量国内外的相关研究成果和资料,在此谨向注明或未注明的文献作者表示真挚的谢意。本丛书是山东省应用基础型人才培养特色名校建设(应用心理学专业)的一项成果,在此特作说明。

高峰强

2015 年 2 月 11 日(农历小年夜)谨识

目录

目录

目录

目录

当你选择并从事教师这一职业时,你的教师职业生涯就已开始。无论在选择教师这一职业之初还是在从事这一职业的过程中,你是否曾想过:我希望从教师这个职业中得到什么? 我希望成为一个什么样的教师? 我希望在多长时间内成为这样的教师? 我怎么做才能成为这样的教师? 对这些问题的思考和回答就涉及教师职业生涯的规划。所谓教师职业生涯规划,简而言之就是对有关教师职业发展的各个方面进行的设想和规划。每个人都必须清楚地了解自己,设计自己的职业生涯的最佳路线,实现自己的职业目标。本编主要介绍教师职业生涯规划与发展的基本概念、基本理论、基本过程;使教师了解职业生涯规划的意义,明确在职业生涯的不同阶段,教师个体面临的主要任务;学会确立自己的发展目标。

第一编
职业生涯规划与发展概述

第一章

揭开职业生涯的面纱
——教师职业生涯规划与发展概述

　　精神分析学派的创始人弗洛伊德曾经说过:"人生就像弈棋,一步失误,全盘皆输。这是令人悲哀之事,而且人生还不如弈棋,不可能再来一局,也不能悔棋。"而职业生涯规划对个体而言就是人生弈棋的关键一步,拥有成功的职业生涯才能达至完美的人生。作为一名教师,肩负着为和谐社会培养优秀人才的重任,因此做好教师的职业生涯规划,是教师走向成功的基本条件。本章主要介绍职业生涯规划及其相关概念,探查影响教师职业生涯规划与发展的因素,阐析做好教师职业生涯规划的意义。

第一节

三尺讲台通往哪里？
——教师职业生涯和职业生涯规划

一、职业与教师职业

（一）职业的定义

"职业"一词在日常生活中出现的频率非常高，职业是社会分工的结果，是人类社会生产和社会生活进步的标志，也是人类社会发展与进步的客观反映。随着人类社会生产力水平的提高和社会分工的精细化，在多种社会因素的共同作用下，职业也在不断变化和发展着。

《现代汉语大词典》将职业解释为个人在社会中所从事的作为主要生活来源的工作。《辞海》对职业有两种解释，一为经过选择并受过一定训练的行业和工作；二是指受过专业训练而从事的固定的而非业余爱好的专业和工作。在《辞源》中对职业也有两种解释，第一个解释是：职指官事，业指士、农、工、商所从事的工作。《荀子·富国》："事业所恶也，功利所好也，职业无分，如是，则人有树事之患而有争功之祸矣。"第二个解释是分内应作之事。

日本社会学家尾高邦雄认为,职业是某种一定的社会分工或社会角色的持续的实现,因此职业包括工作、工作的场所和地位。[①] 美国学者泰勒认为,就社会学概念而言,职业可以解释为一套成为模式的与特殊工作经验有关的人群关系。美国著名哲学家、教育家杜威认为,职业是人们从中可以得到利益的一种"生活活动"。总的说来,职业就是指人们从事的相对稳定的、有收入的、专门类别的社会劳动。[②]

(二) 教师职业

教师一词有两重含义,既指一种社会角色,又指这一角色的承担者。广义的教师是泛指传授知识、经验的人;狭义的教师是指受过专门教育和训练的人,并在教育部门(学校)中担任教育、教学工作的人。从狭义方面来理解,教师是指受过专门教育和训练的,在学校中向学生传递人类科学文化知识和技能,对学生进行思想道德教育,培养学生高尚的审美情趣,把受教育者培养成社会需要的人才的专业人员。

《教师法》规定:"教师是履行教育教学职责的专业人员,承担教书育人、培养社会主义事业建设者和接班人、提高民族素质的使命。教师应当忠诚于人民的教育事业。"因此,教师工作是直接教育人的特殊职业,教师的一言一行对学生的成长影响极大,教书育人是教师的天职,为人师表是教师的标志。

当代中国教师的职业特点主要有:其一,职业形象的准公共性。教师虽然不像政治家、演艺人员那样是完全的公共性人物,但也在相当多的时候暴露于学生、家长、社区人们的注视之下,因此必须善于塑造并维护自己的积极形象。其二,职业环境的相对封闭性。其三,工作绩效的模糊性。其四,师生关系的隐蔽、不平等性。虽然从法律角度来讲,师生是平等的权利义务主体;从教育的理想追求来看,师生也应该成为平等的对话者。然而在实际工作中,由于受传统观念的影响,尤其是教师在体力、智力、学

① 陈海婴:《职业结构与流动》,东方出版社 1995 年版,第 64 页。

② 臧小林:《重庆市高职学生职业生涯规划研究》,西南大学硕士学位论文,2009 年,第 11 页。

识、社会地位等方面的优势，师生关系具有天然的不平等性。这种不平等性可能是许多人所不敢或不愿承认的，但它又是极其隐蔽而顽固地存在着的。①

二、教师职业生涯

（一）职业生涯的含义

西方学者对职业生涯这一概念有不同的解释，传统的观点有两种：一种是将职业生涯视为一种职业或者一个有组织有结构的属性。这种观点下的职业生涯可以被理解为典型的从业者所具有的一系列职位，如法学专业的学生、法律专员、律师事务所成员、法官等；或者理解为在一个组织中升迁的路径，如销售代表、产品经理、区域市场经理、市场总经理。另一种传统的观点是将职业生涯看成是一种个人的而不是一个职位或一个组织的特性。持这种观点的人对职业生涯的理解也不尽相同，又包括以下三种观点：一是"提升的职业生涯观"，主张只有当一个人展现出他的地位、金钱等方面有稳定或者快速的提高时才构成其职业生涯；二是"专业的职业生涯观"，强调职业生涯必须具有专业化特点，必须获得一个确定的职业或是达到某种社会地位才能构成一个人的职业生涯，如医生和律师被认为具有职业生涯；三是"稳定的职业生涯观"，强调在某一职业领域或紧密相关的领域从事一种稳定的职业才算得上是职业生涯，如教师、指导顾问被认为代表一种职业生涯。

这些传统的定义只注意到了职业生涯的客观性和稳定性等特点，忽略了其主观性和变动性。因此使人的工作经历和对职业生涯的主观感受被排除在了职业生涯研究领域之外。

和上述定义相比，格林豪斯提出的职业生涯定义更为深刻全面，具有很强的灵活

① http://baike.baidu.com/view/33837.htm.

性。他认为职业生涯是"贯穿于个人整个生命周期的、与工作相关的经历的组合"。[1]这个定义强调了以下几个方面:首先职业生涯是贯穿一生、不断向前发展的,并且无论从事何种职业,具有何种晋升水平,工作模式的稳定性如何,所有人都拥有自己的职业生涯。其次职业生涯既包括客观部分,如工作职位、工作职责、工作活动及与工作相关的决策;也包括对与工作相关事件的主观知觉,如个人的需要、态度、价值观等。

Arthur(1994)提出了"无边界职业生涯"和"易变性职业生涯"的概念,这两个概念的提出体现了现代职业生涯与传统职业生涯的不同。"无边界职业生涯"强调打破组织界限和组织内部职位界限的职业转换和职业流动;"易变性职业生涯"则注意到职业生涯的变化性,强调驾驭自己职业生涯的是自己而不是组织,个人在需要时可以随时重新创立其职业,一个人可以在不同的产品领域、技术领域、组织和其他工作环境中自由出入。

综上所述,职业生涯可以从狭义和广义两方面来界定,狭义的职业生涯是指与个人终生所从事的工作和职业有关的过程,即职业生涯是以职业为核心,伴随着人一生的与职业有关的经验或活动过程。从广义的角度来说,职业生涯是指整体人生的发展,不仅包括终生的事业,还包括个人整体生活形态的开展。

(二)教师职业生涯的含义

教师的职业生涯,是指一个人作为教师从事教师职业的整个过程。有效的教师职业生涯是指通过教师的工作及专业发展的设计,协调教师个人内在需求和学校长远目标需求,实现个人和学校的共同成长和发展。因此有效的教师职业生涯是教师个人与学校双方的责任,在双方共同努力下,通过完成教师的职业生涯规划,从而实现教师与学校的双赢。一方面,教师个人在进行职业发展规划中应对各个阶段进行设想和规划,包括对教师职业的选择与重新选择,对教师职业目标与预期成就的设想,对工作单

---

① 斯蒂芬·P·罗宾斯:《组织行为学(第七版)》,中国人民大学出版社 1997 年版,第 5 页。

位和岗位的选择,成长各阶段的目标及安排,对环境条件的考虑等。另一方面学校要帮助教师增进个人的专业知识与技能,将建立教育专业地位与形象作为终极目标,帮助教师明确个人的社会角色期望及身负教育下一代的神圣使命。

晓燕是师范学院英语教育专业毕业的,在大学里读书的时候,晓燕对将来没有思考过。因为上的是师范学校,毕业后,晓燕来到一所高中担任英语教师。刚工作的时候,对学生,授课等,晓燕充满了新鲜感,她没有体会到喜欢不喜欢。然而,工作半年后,教学工作比较熟悉了,新鲜感也过去了,晓燕有更多的时候静下心来思考职业、生活等事情。她更多地体会到工作的单调、无趣,当她看到身边年龄大一些的老教师所过的生活时,她深深体会到自己内心对这种生活和工作难以接受。在自己不断纠结于是否放弃这份职业时,也有很多同事、家人、朋友劝她不要放弃稳定的教师工作。

案例分析:从师范类大学生到中学教师似乎是理所应当、顺理成章的事情,然而实践中有太多例子表明,一个师范类毕业生并不一定就是一个称职的教师。作为刚刚毕业的大学生,选择合适的职业发展方向尤为重要,人生精力有限,必须选准方向,如果选择了教师这一职业,那么至少应该问自己三个问题:我为什么要当老师? 我愿意当老师吗? 我想当一个什么样的老师?

http://www.3lian.com/zl/2010/10-04/30029.html

三、教师职业生涯规划及特点

职业生涯规划是职业生涯发展理论的重要内容,起源于美国20世纪初的职业辅导运动。职业生涯规划这一概念是由著名管理学家诺斯威尔提出来的,他将其解释为:个人结合自身情况以及眼前制约因素,为自己实现职业目标而确定行动方向、行动时间和行动方案。换句话说,职业生涯规划是指个人与组织结合,在对一个人职业生涯的主客观条件进行测定、分析和总结的基础上,对自己的兴趣、爱好、能力和特点进行综合分析与权衡,根据自己的职业倾向,结合时代特点,确定其最佳的职业发展目标,并为实现这一目标做出行之有效的安排。① 教师的职业生涯规划,是对有关教师职业发展的各个方面进行的设想和规划。具体包括:对教师职业的选择,对教师职业目标与预期成就的设想,对工作单位和岗位的设计,对成长阶段的步骤以及环境条件的考虑。

教师职业生涯规划通常具有以下四个主要特点②:

一是个体性与社会性的统一。教师职业生涯规划的主体是教师,而不是学校或其他任何教育组织,教师职业生涯规划应该是教师的"自我设计和安排",但这并不意味着可以将其视为纯个人的行为,必须尽可能地与所在地区和学校的整体规划保持一致。

二是现实性与发展性的统一。任何职业生涯规划必须基于客观现实,教师职业生涯规划要从教师个人和时代、社会、学校发展的实际出发。此外,任何职业生涯规划还必须同时具有发展性,教师职业生涯规划要能够有效地促进教师的专业发展。

三是规约性与机动性的统一。规划都具有约束性,规划一旦确定,就要按照规划进行,不可随便更改,反之规划将会失去它的意义。为了能够使规划不断完善,应归入将来可能发生的而目前规划中未加考虑的事情,好的规划总是留有余地,给执行者预留适度的弹性和余地。

四是过程性与文本性的统一。教师职业生涯规划包括制定规划的行动和制定规划的过程,同时也指最终形成的文本。我们既要关注前期进行规划的行动和过程,也要重视最终形成的那个被称为"职业生涯规划"的文本,以行动为文本形成的基础,以文本为行动的规范。

---

① 魏卫主编:《职业规划与素质培养教程》,清华大学出版社 2008 年版,第 8 页。
② 金连平:《关于中小学教师职业生涯规划若干问题的思考与建议》,http://mxzzx-1ife.xdxxblog.com/achives/2006/200632482249.shtml.

开启教师的幸福之路
——成功的教师职业生涯

你的职业生涯成功的秘诀在哪里?

在培训中我常常开展一个活动,就是请参训的学员在他们的笔记本上画一棵树。我说:"这棵树代表你的职业生涯,请你画一棵完整的树。"结果有的人把自己的那棵树画成是一棵参天大树,有的人把自己的那棵树画得好像一棵小草,还有的人把自己的那棵树画成了枯枝败叶。

我对学员说要画一棵完整的树,不仅仅是目前状况,更是将来发展的结果,加点东西,把它画完整。于是这些学员又加了好多东西:枝、叶、果。我对他们说再加点东西,思考半天,他们问我,陈博士,再加点什么呢?一棵大树,要想枝叶茂盛,硕果累累,它要怎么样?

它必须是:根深蒂固!

可以想象:如果一棵树,树根扎得不深,扎得不广,上头倒是长了很多枝叶,长了很多果实,很大的果实。但是这棵树会怎么样呢? 其实,它更容易倒下! 对于我们的职业生涯来说,不仅要有枝叶,花果,还要有树根。

陈方：你的职业生涯成功的秘诀在哪里？

中国人力资源开发网

一、成功的职业生涯

（一）职业生涯成功的标准

一般认为，职业生涯成功是指个体在职业生涯发展过程中所累积的积极心理感受或是与工作有关的成果或成就。[①] 也有人将职业生涯成功分为客观职业生涯成功与主观职业生涯成功。客观职业生涯成功具有社会评价特征，是指个体在职业发展过程中取得的可证实的、可观察到的价值成果，常用薪酬和职位的晋升来测量；主观职业生涯成功是以个人对职业的期望值为基础的，是指个人对目前工作和职业的主观心理感受，即个人从其所从事职业的内部或外部所获得的满意度，常用职业满意度来测量。[②]

有些学者通过对人类比较学的研究，提出了六个客观职业生涯成功指标：地位和头衔；物质成功（财富、财产、收入能力）；社会声誉与尊敬，威望，影响力；知识与技能；友谊，社交网络；健康与幸福。[③]

客观职业生涯成功的标准是比较容易收集和评价的，能从组织的人事记录中获取，如薪水、晋升、地位等，能避免"自我报告"的误差，因而受到众多研究者的青睐。但是，这些客观的指标是否能代表个人职业生涯的成功？譬如，学校教师会认为他们的职业生涯成功衡量标准是学生的知识掌握和学业成就；公共汽车司机或的士司机可能认为，其成功的标准是没有发生交通事故的工作年数。这些"标准"没有涉及报酬、职

---

① Seibert S E, Kraimer M L. The five-factor model of personality and career success. Journal of Vocational Behavior, 2001,58:1-21.

② Hunt S D, Chonko L B, Wood V R. Marketing education and marketing success: Are they related. Journal of Education, 1986,2:2-12.

③ Nicholson N, Waal-andrews W D. Playing to win: Biological imperatives, self-regulation and trade-offs in the game of career success. Journal of Organizational Behavior, 2005,26:137-154.

业地位、头衔和晋升等,但它们对从事这些职业的个体而言却是相当重要的。这是因为在生活中,有一些人努力地工作,但他们追求的可能是一些难以直接度量的、主观化的目标。基于这些限制,研究者又提出主观职业生涯的标准。

主观职业生涯成功强调的是任职者对于个人成就的主观感受,主要指被评价者的自我报告,它会受到任职者的自我标准、年龄与职业生涯阶段、职业价值观的影响。

主观职业生涯成功最初采用工作满意度来衡量,认为工作满意度可以作为主观职业生涯成功的重要指标。如果个人对其工作的许多方面感到不满意,则不太可能认为其职业生涯是成功的,但是两者之间不一定存在必然的因果关系。后来采用"职业满意度"标准来测量主观职业生涯成功,以避免将工作满意度作为主观职业生涯成功的唯一指标。

(二)成功的教师职业生涯

在我国,教师职业生涯的成功与失败,判断的标准主要是看其自主发展的水平、个人职业的体验、学生肯定和社会尊重等,其次是外在的职称、职务、报酬以及地位等。在教育改革实践大背景下,面对新的职业环境,需要确立新的职业生涯成功标准。教师专业化发展已成为教师教育改革的趋势,教师专业化发展是指教师作为专业人员,在专业思想、专业知识、专业能力等方面不断发展和完善的过程,即从专业新手到专家型教师的过程。教师的专业发展始终相伴于教师职业生涯的演进,因此可以将一个教师职业生涯成功的标准用专业发展性质和结果来衡量。如教师在课堂工作中表现出的知识技能和判断力的提高程度、对学校和社会所作的贡献大小、在教育教学工作中个人生命意义的体现等,都可以反映教师职业生涯成功的水平和层次。一个成功的教师,应该在教育教学实践中取得突出的教书育人成绩,在教育理论和实践方面具有创新性的学术贡献,具有崇高的人格魅力并赢得学生的爱戴与社会的尊重。

二、影响教师职业生涯成功的因素

教师在职业生涯发展过程中,受到来自个体和周围环境各方面因素的影响,了解这些因素,有利于合理规划个人的职业发展,反之则可能导致个人职业发展遭遇挫折和坎坷。

影响教师职业生涯成功的因素主要可以分为个人因素和环境因素两部分,良好的外部环境有助于个人职业的顺利发展,而环境因素则主要通过个人内部因素发挥作用。

(一)个人因素

1. 专业知识

《师说》有云:"师者,所以传道授业解惑也。"作为一名教师,传授知识是其工作的重要内容。专业知识是教师职业的基础,是教师素养的基本构成。没有必要的知识,教师的其他能力都无从谈起。对于学生而言,也通常认为老师应该是知识渊博的,他们可以跟随老师的思路驰骋在知识的海洋里,学习到更多的知识。

教师的专业知识首先是指教师所具有的特定的学科知识,如化学知识、物理知识等。这是教师具备的基础知识,是教师教学工作成功的基本保证。可以从以下四个方面理解:第一,教师对学科基础知识的理解应是准确而广泛的,熟练掌握相关技能;第二,教师要对与该学科相关的学科有所了解,这对于自身传授知识和指导学生的综合性活动十分重要;第三,教师要了解学科的历史,对学科历史的认识有助于教师熟悉学科的研究现状,有助于教师对该学科趋势的把握;第四,教师要掌握该学科提供的研究方法,增强学科思维,其价值远远超出学科的知识价值,有助于教师在教学中不断创新。因此具有扎实的学科知识,精通自己所教的学科,是成为一名合格教师的前提。

其次,教师要掌握如何教的知识,即如何把学科的基础知识以学生能够接受的方式表达、传授给学生,如怎样提出问题、怎样设计课程、怎样评估学生的成绩等。这就要求教师必须掌握相关的知识:第一,教师要掌握与学生身心发展有关的知识,教师可以在学习教育学和心理学的过程中获得此类知识。教师对学生处于某个阶段的身心发展规律的把握,有助于教师明确学生的兴趣所在,有助于教师理解学生在不同学习阶段中出现的问题。第二,教师需掌握与教学相关的知识,如教学的实施过程、组织形式、实施原则,教学的最新成果,课堂教学方法的革新,教学工作中的创新能力等。第三,教师还应掌握与学生成绩评价相关的知识,教授何种学科知识、如何传授学科知识,最终都要通过学生对知识的掌握情况来判断。此外,对学生成绩的评价也有助于教师反思当前的教学方法,及时了解学生对当前知识的掌握程度,进而提高教育质量和效率。

最后,教师还应具备在教学中积累的经验知识,主要包括:第一,教师以往的教学经验。教师在教学实践的过程中,不断地总结和整理教学经验,从而使自己在教学中不断对知识进行系统化建构。以往的教学经验有助于教师形成自己的教学方法,明确自己的知识体系的优势和缺陷,一旦教学活动出现问题,教师可以迅速做出反省,解决教学中的实际问题。第二,教师现在的教学条件,如现行法律法规、学校教学环境、课程建设、教学设备等。教学条件是提高教学质量的重要保障,教师在自己的教学实践中会不断熟悉可使用的资源,对教学条件的充分利用有助于提高学生的学习效果。

综上所述,作为一名教师要想在课堂上指点江山、挥洒自如,必须有丰富和充足的知识储备,多读书、读好书,才能在讲解中加入自己的真知灼见,让课堂妙趣横生,让教学得心应手、游刃有余。这才是成功的教学。

2. 专业能力

除了专业知识,教师的专业能力也是教师职业的重要内容。在实际教学中,专业知识和专业能力这两方面是相互交融的:在具备专业知识的基础上形成专业能力,通过专业能力的提高来提升对专业知识的理解和应用。能力是一个人能否从事某种职业,能否在生涯旅程中顺利成长和获得成功的必要条件。一个人在进行生涯规划时只有了解自身能力的类型,选择与自己能力相匹配的工作,才能取得生涯成功。

教师职业的特殊性在于教师教学的对象是活生生的个体,即使满腹经纶的教师也可能因为拙劣的口才、沉闷的互动氛围而导致教学的失败。因此有效的教学要求教师能运用自身的能力去创造一个良好的沟通环境,并通过积极的互动把知识更好地传递给学生。这需要教师拥有语言表达、组织管理和教育机智等方面的能力。

假如教师的书包中只剩下教参

有这样一些现象,新的学期开始时,教师纷纷购买教学参考书,很多教师把目光集中在包含有现成教案的教参类图书上,这是很令人担忧的事情……

教师不读书的三大原因:一是没有时间读,二是没有必要读,三是没有兴趣读。最令我震撼的是第二条。教材、教参是现成的,教辅是选好的,把这点东西塞到孩子的小脑袋里就不错了——实在不行,标准答案在手什么也不怕,多读课外的书反而把心读乱了,对教学没有什么用处。

有的教师不认真备课,在讲解习题的时候因为解不出来而"挂"在黑板上;还有的教师只是在上课前匆匆忙忙看一眼参考答案,不幸的是答案印刷错误,但教师仍然死抱着错误的答案"讲解",最后被学生轰下讲台……

这些只读教材、教参的教师,认为一本教参在手,走遍天下无敌手,教参就是教师吃饭的饭碗。问题是,教参真的是"万金油"吗?凡是有些分析能力的人,都会对这个问题提出否定的答案。教参是人编的,只要是人,他都会有想不到的地方,写不到的地方。万一学生问你教参上没有的东西,你又如何面对学生那一双双渴求知识的眼睛?

但是他们却忽略了,教参上的内容是外化于教师的,教学中的取舍,要以教师深厚的学养、丰富的知识积累为基础。知识背景单薄的教师,又如何把教参上的内容内化为自己的东西呢?教师只有具有厚实的文化修养,他的教学才是成功的,才是让学生难忘的。

书包中不仅仅只有教参的教师,拥有的是他们广泛的阅读生活,是对生活多样化的理解,是对教材独特的处理角度。学生听这样的课,如沐春风。长此下去,自然感到学习好玩,学习对他们就是一件礼物,陶醉其中,幸福无比。我们再也不会担心学生厌学现象的出现。书包中不仅仅只有教参的教师,由于阅读视野的广阔,对新事物、新思想接受会更快,对教学中各种流行思想的鉴别能力更准确,理解能力更强。学习成了他们生活中的一部分,渗透着他们的感情,活跃着他们的灵魂。他们在阅读中,享受着自我发展,享受着成长,为此,我们再也不用担心为了考试而摧残学生的现象出现了。

张忠诚:《假如教师的书包中只剩下教参》,《中国教育报》,2007 年 8 月 20 日

3. 性格特征

教师除了要具备相应的学历,管理学生的能力等,还要具备良好的性格特征。那么教师应该具备怎样一些性格特征呢?

① 独立。对于教师来说,他们首先必须拥有独立的性格特征,这种性格的教师能独立地开展教育教学工作。在处理任何问题时,他们独立地做出决定,胸有成竹地提出问题的解决方案;无论在什么情况下他们都能发挥自己的力量,不屈服于他人的权势。②热情开朗。教育以人为对象,最重要的是要有一颗热忱待人的心。教师只有热情开朗、朝气蓬勃,他们在教育工作中才能善于与人相处、与人为善,才能如春风一般给学生以温暖和关怀,进而教育学生;反之教师如果养成悲观抑郁的性格,对人冷漠、缺乏同情心,学生就会疏远教师,在师生之间就会筑起一道无法逾越的高墙。③耐心细致、沉着冷静。塑造人的灵魂是一项极其艰苦细致的工作,具备耐心细致、沉着冷静性格的教师才能担当此任,才能诲人不倦,才能以坚韧的毅力和反复细致的工作去感化、教育学生。④诚实正直、温和宽厚。完满人格的一个重要前提便是"诚"字。"诚"是正直的基础,是心灵美的核心。教师应有豁达开朗的心胸,对待学生要宽容敦厚。

印度古语说:"播种行为,收获习惯;播种习惯,收获性格;播种性格,收获命运。"良好的性格特征有助于教师职业生涯的成功。

4. 职业价值观

教师职业价值观是指教师对于所从事的教师职业的一种评价,它反映着教师的需要,并直接影响教师的工作态度。职业价值观能增强工作满意度,提高工作绩效,因此

积极的职业价值观会极大地影响教师的职业生涯成功。

首先,教师应当具有职业信念。教师的职业信念,就是指教师在对自己从事教师职业的认识基础上,形成对教师职业的坚信不疑的看法和态度。教师职业信念是教师献身教育工作的根本动力,能激励教师自觉从事教育活动。具备坚定的职业信念的教师,会激励自己全身心投入工作,在教学劳动中发挥主动性、积极性和创造性,教师的职业信念也可以使教师摆脱纯粹物质功利的诱惑,具备热爱教育事业之心,在教育生涯中活得快乐,使平凡工作得以升华,变得更有意义,促进自身职业生涯的进一步发展。

其次,教师应当具有职业幸福感。个体在从事某一职业时基于需要得到满足、潜能得到发挥、力量得以增长所获得的持续快乐体验,称为职业幸福感。孔子作为中国历史上第一个把教育作为自己专门职业的圣贤,他懂得教师职业的特有价值,因此,他"诲人不倦","饭疏食,饮水,曲肱而枕之,乐亦在其中矣",这就是孔子为师的幸福感。教师拥有的职业幸福感就是一种教育情境中的眷恋与感动。

但是很多教师缺少这种幸福感,那是因为教师职业面对很多压力:成堆的作业、顽皮的学生、挑剔的家长、分数排名的较量……其实,相对于其他职业,教师职业的外在回报不多,教师需要更多地从内在精神世界中寻求职业满足感,如从学生成长中获得成就感、因工作中的创新而得到满足感、从与同事的交流中获得认同感等。一个优秀的教师,总是能从其教师职业中获得快乐与幸福。拥有职业幸福感的教师,才会热爱教师职业,才会将教师职业作为自己的终身职业,才会关注如何制定自己的职业生涯规划,以便使自己在教师职业上走得更远。

英国一所学校的校长是这样描述他所在学校中的幸福感的:

1. 关心同事。

2. 关注在学校中个人对于健康及安全所应担负的责任。

3. 协调同事之间(也包括自己)明确表露的期望和需要。

4. 交流。

5. 维持自信。

6. 有一个安全、愉快的工作环境。

7. 推动同事之间的良好交流。

8. 增强团队工作、合作和共同责任。

9. 认识到产生压力的原因并知道如何采取相应的措施。

10. 区分适当的压力(积极压力)和消极压力。

焦玉:教师幸福感典型个案

http://www.wsxx.sjedu.cn/dytd/ztjy/xljk/157264.shtml

(二) 环境因素

学校是教师职业活动的第一场所,是教师直接生存和发展的土壤,学校系统的组织环境对教师发展影响深远。在学校这个系统中,学校管理制度和学校支持等都对教师的职业生涯的成功有重要作用。

1. 学校管理制度

学校的管理制度反映学校教育以及国家的教育目的和价值取向,直接影响教师的发展。陈旧、迂腐而繁琐的学校管理制度会渐渐侵蚀教师的个性和批判精神。学校的教师管理制度是教师成长发展的重要条件。

现代教师管理的基本内容主要包括对教师的评价、教师的培训和教师的激励等几个方面。对教师的评价是学校依据一定的标准对教师的工作状态和工作成就做出判断和评定。[1] 对教师的评价应该建立多维性、发展性的评价体系,在关注教师当前表现的同时,还要关注教师的未来发展,从而推动教师职业生涯的进一步发展。教师培训、进修是教师职业生涯进一步发展的重要保障,通过各种形式的培训、进修,可以充分提高教师的教育教学水平和理论水平,提升其发展层次。从学校管理的角度说,激

---

① 朱宪玲:《论高职院校教师评价制度的构建》,《中国成人教育》,2008 年第 2 期,第 81 页。

励就是激发教师的职业发展热情,调动教师的工作积极性。实践证明,一个学校如果在管理过程中注重运用激励艺术,建立有效的激励机制,教师就会更有目标、有干劲。教师的内在潜能得到激发,就会形成一股推动力,造就一种发展力。

2. 学校支持

教师职业生涯的成功离不开学校的支持。学校支持主要表现在以下几个方面:首先,帮助教师做好职业生涯规划。职业生涯规划是促进教师职业生涯进一步发展的重要保障,可以促使教师自主发展,明确追求的目标以及不断反思自身的工作实践。职业生涯规划是一项技术性很强的工作,需要学校的指导和帮助。其次,学校要帮助教师协调好职业生活与家庭生活的关系。教师的工作负担比较重,同时受家庭角色的影响,事业、家庭往往难以兼顾,容易产生各种各样的矛盾,对职业发展产生一定的阻碍作用。学校应帮助教师找到工作和家庭的切合点和平衡点,制订工作与家庭的平衡计划,有效地提高其工作效率,促进其职业成长。再次,学校应为教师参加培训、进修提供时间保证和经济支持。在职培训、进修是提高教师综合素质、促进教师职业发展的重要途径。给教师提供外出观摩、研讨的机会,邀请名师、专家、学者来校讲学,可以拓宽广大教师的知识视野,转变他们的教育观念,改进教学方法,提高教育教学效益和提升综合素质,促进教师职业生涯的高效发展。

除了学校,影响教师职业发展的环境因素还包括家长对教师的期望,社会的需求等。教师在做职业生涯规划时,需要特别注意职业环境,要对社会大环境进行分析,并认识到其发展趋势。这些有助于教师把握社会需求,使自己的工作目标更加明确。

第三节

凡事预则立，不预则废
——教师职业生涯规划的意义

职业生涯是大多数人生活的重要组成部分，做好职业生涯规划对个人的发展具有十分重要的意义。职业生涯规划犹如人生之靶，为我们树立了前进的奋斗目标。通过确定职业生涯发展目标，坚持"预则立，不预则废"的原则，不懈地追求自己的目标，往往能使职业发展得更快、更好。一个没有目标的人，就会处于一种迷茫状态，工作就没有动力、没有热情，就会无所事事，"当一天和尚撞一天钟"。职业生涯规划能激发我们的学习热情和工作动力，会时刻提醒、引领和鞭策我们一步步地向它靠拢。职业生涯规划有助于个体发挥自我潜能。由于职业生涯规划往往是根据自身的特点设计的，有利于个体全神贯注于自己的优势领域，迎接挑战、实现自我价值。

对于教师来说，做好职业生涯规划更具有特殊的意义。但研究发现，教师职业生涯规划并没有引起教师及学校的足够重视。曾有研究者对武汉市 8 所中小学的 500 多名教师进行调查后发现，中小学教师的职业生涯规划存在以下几个问题：第一，大部分中小学教师没有自己的职业规划,也缺乏职业规划的意识和能力。根据抽样调查和访谈,大约95%的中小学教师从来没有制订过职业规划,大约80%的中小学教师缺乏职业规划的意识。第二,教育行政、教师培训部门和学校普遍不太重视教师职业规划问题,认为中小学教师职业生涯规划是教师个人的事情,实际上,职业生涯规划在基础教育以外的行业和领域已经成为一个热门的话题甚至是巨大的产业。[①] 不重视教师职业规划这种现实状况是令人堪忧的,必须引起教育行政部门、学校和教师的高度关注。

一、职业生涯规划对于教师自身成长具有积极的意义

孜孜追求的徐老师

徐老师已经工作了 15 年,三年前评上了市级骨干教师,成为骨干教师后,学校采取了一系列的措施培养名师,推动骨干教师向更高层次发展,因此培训进修的机会多了,经常有接触名师的机会,徐老师就利用这难得的机会积极向名师学习,开始更多地考虑教育理论问题,如:如何设计教学、管理学生的策略等,职业发展迅速上升,教育教学水平得到了更高层次的提升,徐老师下一步的目标是省级优秀教师。

向更高层次目标迈进的张老师

张老师在教师岗位上已经工作了八年,一直担任语文教师。八年的教育教学生涯使她积累了较为丰富的教育教学经验,能够很好地组织教学,改进教学方法,根据不同学生的特点开展教学活动,拥有优异的教学成绩。同时也具备了一定的教育教学科研能力,在区级以上的教学论文评比中,三次获得一等奖。由于在业务能力上的不断钻研,两年前张老

---

① 陆露:《中小学教师职业规划的实践研究》,华中师范大学硕士学位论文,2008 年,第 10 页。

师被评为区级骨干教师。目前,张老师下一步的目标是市级骨干教师、省级优秀教师。

身心疲惫的王老师

王老师已经工作了 10 年,是一名优秀的数学教师,目前是市级骨干教师。成为骨干教师后,被学校、家长赋予了较高的期望值,期望更好的教学成绩,期望更优的教学效果,工作负担比较重,还在校本教研、课程开发等教师发展活动中起带头作用。因为工作的繁忙,工作与家庭往往很难同时兼顾,工作和家庭的矛盾带给她很大的困扰。

有的教师进行了自己的职业生涯规划,通过这个过程取得了职业的成功。在职业生涯规划中,这些教师不断学习,认识到终身学习的重要性;知道自己的专业需求,促进自己快速地专业发展和专业成长;明确自己的每一个职业发展目标,不断实现又不断树立下一个新的目标。有的教师没有做好职业生涯规划,虽然他们当中也有人取得了职业成功,但当到了某一职业阶段,他们便失去了职业的热情,不知道自己的职业发展方向,变得迷茫,因此更容易产生职业倦怠。

孙丽:《城市小学女骨干教师职业生涯发展管理研究》,

南京师范大学硕士学位论文,2008 年,第 27 页

(一) 教师职业生涯规划是教师终身教育的需要

"终身教育"、"终身学习"的思想自古有之。我国早在孔子时代就有终身教育的思想意识。近代,著名教育家陶行知倡导终身教育,他主张"活到老,干到老,学到老,用到老"。[1] 20 世纪 70 年代以后,终身教育理念日益受重视,生涯发展的研究,已不只偏重个人的职业选择方面,进而扩大到个人自我潜能的发挥。教师逐渐体会到在职进修的必要性,光凭过去所学的知识和经验,是很难胜任目前的教学工作的。必须不断地

---

[1] 刘志东,王悦:《浅谈教师的"终身教育、终身学习"》,《克山师专学报》,2004 年第 2 期,第 90 页。

进修,汲取各种经济、政治、科技和教育知识,以扩大知识领域,提升专业能力,最大程度地发展个人自我潜能。

坚持终身学习,汇成江河之水——个人成长故事

古人云:"学高为师。""学高"是教师执业的资本,是"为师"的根基。何为"学高",在步入三尺讲台之初,我的理解是要给学生"一杯水",教师必须先有"一桶水",但二十余年漫漫从教之路,又使我深切感悟到,在信息时代来临、知识经济发展、教育理论创新、教育目标提升的当今社会,"一桶水"教师已远远不能适应时代要求,坚持终身学习,做"一条奔流不息的河流",才是自己的理想与追求。

在踏上工作岗位以来,我时常以"宝剑锋从磨砺出,梅花香自苦寒来"的警句激励自己,并从中寻找强大的内驱力,推动自己积极上进。读书学习让我变得充实丰富,也让我的教学工作变得游刃有余。每当遇上班级里一些偶发事件或者有不良的思想动向,我不会再以空洞的说教灌输给学生,常常用一些富有哲理的小故事来打动学生。如随着年级的升高,因为成绩的下降或多种原因,有些学生的自信心开始丢失,有的甚至还相信"命中注定"等无稽之谈,认为自己生来就是学不好的,或者把希望寄托在别人的身上。于是我就给学生讲《断箭》的故事,让学生从故事中明白,把胜败寄托在一支"宝箭"上,是多么愚蠢,多么可悲。自己才是一支真正的宝箭,若要它坚韧,若要它锋利,若要它百步穿杨、百发百中,磨砺它、拯救它的只能是自己。这样的教育不仅很受学生欢迎,而且效果也很好。同时,这些实例,也使我更加坚信,教师只有通过广泛地阅读,才能积累丰富的知识与经验,才会在教学中遇到棘手的问题时游刃有余,事半功倍。

"一分耕耘,一分收获"。这虽是自己学习之起步,积水之点滴,但我深信,千里之行,始于足下,涓涓溪流,终成江河。

李翠瑛:坚持终身学习,汇成江河之水——个人成长故事

http:∥gansu.gp2011.teacher.com.cn/GuoPeiAdmin/TeachingIntrospection/TeachingIn-trospectionView.aspx? TiID=8181

职业生涯规划对教师终身教育和终身学习的意义主要表现在两个方面。首先,教师的职业生涯规划有利于教师终身学习的有效贯彻。成功的职业规划有助于教师有效合理地利用时间,分配资源,集中精力,做最有益于实现最终目标的事情。教师在职业生涯规划中可以全面认识自我,通过对自己客观全面的认识,不但能更好地选定自己职业生涯发展的目标,正确选择合适的发展道路,还有助于明确自己目前的学习状态,对自己终身学习做出科学合理的调整规划。其次,教师的职业生涯规划是对教师终身学习的深化和完善。职业生涯规划是教师成长的战略之一,具体地实施规划才能取得终身学习的实效。教师个人职业的不断发展,能力的逐渐提高,都离不开教师的终身学习。而教师的终身学习,如抓住工作中提供的专业性培训机会,利用业余时间培养自己的兴趣爱好以及在工作中不断和同事探讨新知识,汲取经验教训,提高工作熟练程度等,都离不开对个人职业生涯的规划。教师对自己职业生涯的良好规划及自觉树立的终身学习的观点,是教师辉煌职业的关键所在。

(二) 教师职业生涯规划是教师专业发展的需要

随着素质教育的不断深化和课程改革的不断推进,中小学教师专业发展的问题显得日益迫切。素质教育和课程改革的成效很大程度上依赖于广大中小学教师的专业发展和专业提升。促进教师专业发展的策略和途径很多,而促进和帮助中小学教师形成和执行自己的职业生涯规划,就是一个很好的切入点。

教师职业生涯规划与教师专业化发展的关系到底是怎样的呢? 首先,教师职业生涯规划是教师专业发展的基础,教师专业的发展与成长,离不开教师职业生涯的规划。教师的专业发展使教师本身的专业素养、良好的品质得到提升,进而对学生有直接影响作用,这些都是在职业生涯规划的基础上进行的。其次,教师专业发展反作用于教师职业生涯规划,教师的专业发展在整个教师职业生涯中应运而生,伴随着教师职业生涯的发展而发展,同时教师专业发展对教师职业生涯的规划有一定的制约作用。

（三）教师职业生涯规划有助于教师确立发展目标

我们过去缺乏职业生涯设计的概念和意识，不少教师对自己要达到什么目标，通过几个阶段达到自己的目标，现在自己处于什么阶段等问题，往往是模糊不清的，有的甚至从来就没有这样考虑过。表现在工作上，就是听从领导安排，以完成任务为目标，没有自己的追求，态度被动；当工作不满意时，往往归因于外部的环境制约，认为自己尽了力，没有办法克服困难等。

所以，职业生涯规划可化被动为主动，在追求中体会快乐人生。一个人一旦确定了职业生涯的发展目标，往往能使职业发展得更快。当我们沿着职业发展目标一步步前进，并逐步实现这些目标与规划时，就会产生强烈的成就感。

作为一名刚走上工作岗位的新教师，对自己的职业有一个长远的规划，使自己在进行教育事业时有一个明确的方向，显得尤其重要。

自己是刚参加工作几年的新教师，虽然能达到一些必要的工作要求，但在教学上与老教师比起来还相差很多，在课堂教学上还是会或多或少出现一些小差错，不能那么得心应手。但毕竟我们还年轻，我们比较容易接受新的东西，我们思维活跃有自己的想法，勇于探索、能吃苦、有上进心。

在未来的三年里我对自己制定的总目标是：努力成为业务水平较高的教师，并在科研、课题上小有成就。

一年目标：虚心接受师傅和同事的指导和帮助，端正教育思想、热爱工作、热爱学生。多上几次公开课，并能取得老师的肯定。在论文写作上能在区里或学校有一定成绩。在工作上能得到老师的肯定及信任。

二年目标：在教学上有一定的提高，并能上一次区级或市级的公开课。在教师基本功比赛中也能在区里得到一定的名次。科研上认真参加语文组的课题研究。

三年目标：成为业务水平较高的教师，不断运用所学的理论知识指导自己的教学实践,在教学实践中感悟课程新理念,使自己的教学能力迅速提高,驾驭课堂更加游刃有余。能够独立接受上级的安排。在科研上有一定的成绩,能够在区里小有成就。

目标已经制定,以后摆在自己面前的就是如何为这些目标努力奋斗。

张旭超:教师的个人发展目标规划

http://eblog.cersp.com/userlog6/84753/archives/2007/356278.shtml

(四) 教师职业生涯规划有助于缓解教师的职业倦怠

职业倦怠是指个体因在体力、精力和能力上无法应付外界的要求而产生的身心耗竭状态,是个体厌倦和畏惧工作任务的一种心理、生理反应。

教师进行职业生涯设计时,真正把自己的职业生涯置于理性的思考之上。首先,在职业生涯的开发阶段,个人可以对自己的潜能进行科学测评,为职业生涯的发展制定出方向、目标和方法,使其具备可操作性。这样可以保证自己在踏上教师岗位时不会对工作茫然无知,从而减少各方面压力导致的精力枯竭。其次,从职业发展的根本上来看,教师的职业倦怠是得过且过、缺乏科学职业规划的结果。因此教师若能制定出良好的职业生涯规划,可以使个人更理性地看待工作和生活,更平和地处理各种问题,也能更加深入地了解自己的价值取向和承受压力的能力,定期根据自己的职业生涯实践进行理性的评估,找出自己的差距和不足。如教师会在从事了一段时间工作后确定自己是否喜欢教师工作,在传授知识时选择适合自己个性发挥的方式、方法,针对自己在教育工作中的薄弱环节通过培训进行充实和提高,也会深谙教师职业发展规则,按照专业方法规划成功的职业生涯,从而有效地避免职业倦怠。

二、教师制定职业规划对于学校的发展具有积极的意义

教师是否进行职业生涯规划不仅对自身发展有着重要的意义,对学校的发展也十分重要。

（一）有利于学校稳定与发展

学校组织教师制定职业规划是学校稳定与发展的要素之一,表现在有利于增强学校的凝聚力,吸引和留住优秀人才;有利于增进学校管理者与教师之间的沟通。一方面,学校组织教师实施职业发展规划,不仅为教师提供了强有力的发展支撑,使教师感受到来自学校的深层关爱、感受到学校的温暖,同时使教师体会到学校是对他们终生发展负责的,从而使教师对学校产生依恋,激发他们对学校的忠诚和信赖。另一方面,在学校与教师制定职业生涯规划的每一过程中,都是学校与教师共同协商完成的,在民主自由的工作氛围和宽松和谐的人际环境中,学校可以清楚地了解到教师真实的需求、倾听到教师的心声、摸清教师的发展愿望和思想动态。学校能有的放矢地指导教师把学校发展和个人发展相结合,这样的结合解决的不仅是策略、认识上的统一,而且是思想和情感上的统一,这样的统一可以增加教师的向心力与忠诚度,使教师感到学校的温暖,增强他们的工作热情。[①]

（二）有利于学校合理配置人力资源

学校组织教师制定职业规划可以有效地进行人力资源规划,充分利用内部人力资源,降低师资流动率,减少对外界师资的依赖性。学校在了解了每位教师的职业发展规划的情况以后,可以综合这些信息,以一定的标准调配师资,努力实现学校需要和教师个人意愿的统一,这样可以最大程度地避免由于双方意见的分歧造成教师或学校的不满,进而避免因出现"有人无位、有位无人"的局面而造成师资的低效流动,同时也可以减少对外界师资的非计划性依赖。在此基础上的学校人力资源规划的有效性就会有很大的提高,有利于发挥人力资源规划在学校人力资源管理工作中的作用。

---

① 岳健:《教师职业发展规划:学校与教师双赢的计划》,中国教育先锋网,2007 年。

（三）有利于引导教师向更高层次发展

学校组织教师制定职业规划有利于发掘、培养、提升可用之才，引导教师向更高层次发展，进而有助于改进教师的教育教学绩效。学校为教师提供的各类资源的总量是有限的，如何使资源有效地发挥，从而促进教师成长和学校发展呢？在获得了教师发展愿望之后，这一问题就有了解决的途径：管理岗位应优先提供给具有领导才能而又有从事管理工作愿望的教师，而不一定是采用"教而优则仕"的传统方式；班主任工作应交由那些在与孩子交往过程中感到快乐和有所收获的教师，而不一定是由语、数、外教师担任……这种资源的最优配置，应该成为有效的育才、用才的重要手段，也会成为学校获得发展的有利契机。教师在学校提供的理想的人文环境和物理环境中，不断提升自己的发展空间、实现自我价值，向着更高的目标和更大的成就迈进。[①]

在学校结合教师职业发展规划，为教师提供有利于实现目标的岗位或工作后，会在很大程度上激发教师的工作积极性和主观能动性，从而更好地提高教师的教育教学绩效。

[①] 教师职业规划之个人成长与学校发展，http://www.yjbys.com/Qiuzhizhinan/show-138875.html.

第二章

运筹帷幄方能决胜千里
——教师职业生涯规划理论探源

　　教师职业生涯规划与发展贯穿教师终生,因此,教师在对自己的职业生涯进行规划时,除了要以职业生涯规划的理论为依据,还要考虑不同年龄阶段的心理特点。本章主要介绍毕生发展的理论和职业生涯规划的理论。

第一节

为有源头活水来
——毕生发展的理论

个体的生命历程从一个受精卵开始，直到故去。毫无疑问，生命在最初的 20 年中发展和成长极其明显。但在随后的几十年中，个体的躯体、个性和能力也发生着很大的变化。经历了就业、结婚、生子、晋升、退休等人生中一系列重要的事件，生命的发展在不同时期赋予人不同的发展任务。教师作为教书育人的指导者，应该对自身的发展变化有更加科学和深刻的了解。

一、毕生发展的含义

传统的发展观重视自出生到成年的快速变化，很少涉及成年的变化和老年的衰退。而现代毕生发展观认为，发展心理学应研究人类从胚胎到死亡的全过程，而不应只研究人类发展过程中的某一阶段。人的生命是一个连续过程，生命的每一阶段都受前一阶段的影响，同时也影响着以后的发展阶段。

（一）发展贯穿个体的一生

个体的发展贯穿人的整个一生，也就是说，从出生到成年直至老年，人的发展都不会停止。从生命的孕育到生命的晚期，其中任何一个时期都可能存在发展的起点和终点，心理功能的衰退是在成年晚期很短时间内发生的。因此，不存在一个对生命全程起最重要影响的年龄段。相反，每个年龄段发生的事情对未来的发展和变化有着同等重要的影响。

（二）发展是多维度的

个体心理与行为的各个方面或同一方面的各个成分和特性，发展的进程各不相同。在同一发展时期，某些心理与行为在增长，而某些心理与行为则表现出功能水平的降低。发展的各个方面以不同的速率达到成熟的水平，衰退过程也是在不同的阶段以不同的速率进行的。如人的智力，可以分为晶体智力和流体智力，它们在人的一生中有不同的发展轨迹，晶体智力和流体智力在开始阶段的发展是一致的，两者都随年龄的增加而快速增长，但晶体智力到成年后期仍在继续增长，不过增长的速度减慢，而流体智力在成年早期就开始衰退了。

（三）发展是获得（成长）和丧失（衰退）的结合

发展不是简单地朝着功能增长方向的运动，生命过程中任何时候的发展都是成长和衰退的结合。任何发展都是新心理机能的获得和增强，同时也包含着以前存在的部分机能的衰退和丧失。而个体在发展中的某些维度或维度中的某个成分在成长，而其他的维度或成分则可能在衰退。例如在社会情感发展中，异性恋者开始与异性建立亲密关系，与同性关系逐渐疏远。

（四）发展具有可塑性和个体差异

个体的行为发展过程具有统一的规律和特点,但并不是确定不变的。由于个体对生活中同一事件的解释不同、实践经验不同,其对个体发展的影响也不同。有关发展阶段理论都企图描述发展的普遍性,但许多研究者认为发展具有个体差异性。我国学者进行的老年人智力和记忆问题的研究也表明,老年人经过训练后,测验成绩明显提高,甚至在有些项目上可超过未接受训练的年轻人。

二、毕生发展的理论

有关心理发展的研究旨在回答以下问题:个体心理与行为随年龄发展而表现出的发展特点是怎样的? 造成这些发展与变化的原因或机制是什么? 亦即影响发展的因素和动力是什么? 正是对这些基本问题的回答存在分歧,形成了丰富多彩的理论观点。这里主要介绍埃里克森的心理发展理论。

埃里克森将人的一生分为八个既连续又不同的心理社会阶段。每个阶段个体必须面对一个危机,并且承担一个受文化制约的独特的发展任务。如果人在各阶段能顺利解决危机,就有助于自我力量的增强并促进个人适应环境,从而顺利转向下一阶段。否则就会发生心理社会危机,出现病态或不健全的人格。每一阶段的发展任务的解决都为下一阶段任务的解决奠定了基础。

第一阶段,信任感对怀疑感(0～1.5岁):这个时期的发展任务是获得信任感和克服不信任感,体验着希望的实现。这一时期婴儿需要学会相信别人能够照顾好自己,满足自己的需要。如果照顾者表现出拒绝或前后不一致,那么婴儿就会对别人形成不信任感,缺乏安全感。埃里克森认为第一阶段非常重要,获得信任感是以后各阶段,特别是青年期同一性的发展基础。

第二阶段,自主感对羞怯或疑虑(1.5～3岁):这个时期的发展任务是获得自主感,克服羞怯和疑虑,体验着意志的实现。这时儿童想自己做一些事情如吃饭、穿衣、讲卫生等,如果父母承认并允许他们去干力所能及的事,儿童就会出现一种自主感;反之,如果大人对孩子过分干预或严厉处罚,孩子就会对自己的能力有所怀疑。

第三阶段,主动感对内疚感(3～6岁):这个时期的发展任务是获得主动感,克服内疚感,体验着目的的实现。这时儿童的独立性开始形成,他们有更多的自由从行动上来探索和扩充他的环境,这样儿童就获得了主动感。如果儿童有更多机会向外扩展以达目的,而且父母是支持的,那么儿童的主动性就会得到加强,否则就会出现内疚。游戏活动对主动感的形成起着重要的作用。

第四阶段,勤奋感对自卑感(6～12岁):这个时期的发展任务是获得勤奋感和克服自卑感,体验着能力的实现。这时儿童需要掌握社会和学习技能。他们开始意识到自己已经进入社会,认为在众多的同伴中应占有一席之地,于是他们勤奋学习知识和技能,并积极改善自我,如果当孩子努力学习或做事时,得到成人的支持,勤奋感就会加强,反之,就会产生自卑感。这个时期教师和同伴的作用至关重要。

第五阶段,同一感对同一性混乱(12～18岁):这个时期的发展任务是建立同一感,防止同一性混乱,体验着忠诚的实现。儿童进入青春期后形成新的自我,并思考和认识自己是谁,想要成为什么样的人,建立基本的社会和职业同一性。如果这一阶段青年没有形成良好自我同一性,就可能会出现同一性拒斥或同一性混乱。前者是过早停止探求同一性并想办法延缓承担的义务;后者是不知道自己是什么样的人和想要成为什么样的人,不知道如何发展自己。因而这一阶段应当鼓励青少年自我探求,实现自我同一性。埃里克森认为此阶段可以补偿前阶段的不足,对以后人格发展有重大影响。

第六阶段,亲密感对孤独感(18～25岁):这个时期的发展任务是获得亲密感,避免孤独感,体验着爱情的实现,这个阶段是人们建立亲密关系的时期。这时需要在自我同一性的基础上,获得共享的同一性和亲密感。如果一个人不能在朋友之间、夫妻之间建立一种友爱的关系,就会产生孤独感。

第七阶段,繁殖感对停滞感(25～65岁):这个时期的发展任务是获得繁殖感,避免停滞感,体验着关怀的实现。这是成家立业阶段。人们在这一阶段要承担起参加工作和照顾家庭、抚养孩子的责任。如果不愿或不能承担这种责任,只一心专注自己就会产生停滞感。

第八阶段,完善感对失望感(65岁以后):这个时期的发展任务是获得完善感,避免失望感,体验着智慧的实现。这个时期人们回顾自己过去的生活,如果认为是幸福的、有意义的、成功的,就会产生一种完善感。如果认为是没有达到目标,没有实现承诺,就会厌恶人生,产生失望感。

埃里克森的心理社会发展理论,强调自我与社会环境相互作用的心理社会机制,强调文化和社会因素对人格的影响。埃里克森提出的个体发展中会遇到的心理冲突也是我们在生活中可以观察和预测到的,因而其理论被广为接受。

三、成年期教师的发展特点

教师在不同的年龄阶段,身心发展特点有所不同。根据毕生发展的观点以及我国教师的入职时间,一般认为20/21~35岁的教师为青年期教师,35~55/60岁的教师为中年期教师,60岁以后则为老年期教师。了解不同年龄阶段的教师的身心发展特点,以便更好地为职业发展服务。

(一)青年期教师的身心发展特点

孔子说:"后生可畏,焉知来者知不如今也?"可见他对年轻人充满了信心。如果你正处于青年期,这段时期是人生的黄金时期,事业的起步时期,你有着饱满的热情和精力来奋斗。下面我们一起来了解青年期教师的特点。

1. 青年期的一般心理特点

就大脑的发展进程而言,20岁以前脑的成熟过程已基本完成。这个时期青年人的各项身体机能已经成熟并达到了高峰,然而30岁时个体在这些方面开始缓慢下降。

但是,身体的变化也是因人而异的,有些人到50多岁,身体的组织和功能还没有太大的变化。

青年人的信息加工速度达到最高水平,从18岁到30岁左右,是人的记忆的"黄金时期",个体的记忆力到了成年期达到最高峰。卡特尔将智力分为流体能力和晶体能力。在20岁以后流体能力的发展达到顶峰,30岁以后将随年龄的增长而降低。晶体能力在人的一生中都在发展,只是到25岁以后,发展的速度渐趋平缓。有研究认为,这个时期思维形态发展是以形式逻辑思维为主,向以辩证逻辑为主过渡,且辩证逻辑思维逐渐发展成为主要的思维形态,但是思维的发展存在个体差异。

流体能力是指在信息加工和问题解决过程中所表现出来的能力。如对关系的认识,类比、演绎推理能力,形成抽象概念的能力等。它较少地依赖于文化和知识的内容,而取决于个人的禀赋。

晶体能力是指获得语言、数学等知识的能力,它决定于后天的学习,与社会文化有密切的关系。

青年期个体的道德观基本成熟,趋于稳定,能自觉运用普遍认同的道德观点、道德原则和理论标准进行自律,对道德的社会认知能力和道德目标都开始进入高水平阶段。从埃里克森的人生发展八个阶段来看,主要是对应于成年早期的获得亲密感和避免孤独感,这个时期对此发展任务的良好解决对个体有着重要的意义。

2. 青年期教师的职业心理特点

青年人身体健康、充满活力,善于适应环境,有大量的时间和精力专心工作,青年人思维敏捷、头脑灵活,易于接受新事物、新思想,因而容易受外界影响,具有较强的可塑性。他们与学生的年龄差距小,心理距离小,易于相互沟通和交流。青年教师知识、经验逐渐丰富,独立思考能力不断发展,因此,他们勇于创新,敢想敢说,不因循守旧,因而能够积极地投身于教学和教育改革中。不过他们虽然接受新事物快,但有时观察事物不够深入和细致。

青年教师在教师岗位上从适应到成长,需要经过一步步的努力。一开始教师处于适应期,这一时期教师的教学经验明显不足,课堂管理学生的能力也较弱,专业知识技能发展也亟待提高,这一时期是事业发展的起始时期,需要教师投入大量的精力和热情,努力地提升自己的专业技能。这一时期的教师应该对自身特征和成长历程进行分析,总结出自己的优势和不足。通过分析,然后制定出改进自身素质、改善客观条件、促进专业发展的策略和措施,以便更好地促进自己的职业成长,协调生活和职业的发展。教师在结束适应期后,就进入了职业成长期,这个时期他们已经完全适应了教育教学工作,班级的管理和教学质量也有了明显提高。他们对教育教学的认识和理解进一步加深,对职业的发展和自己的专业发展也有了自己的预期和明确的自主意识。成长期的积累与实践是今后职业发展的基础。在这一时期,一方面教师要不断努力提升自己的人格修养,提高自己的知识水平和业务能力;另一方面教师需要处理好工作和家庭的关系,并处理好和他人的人际关系,为自己创造一个良好的工作和生活环境。这一时期的教师要正确分析自己、认识自己,寻找发展自己的突破口和适合自己的发展定位。

在坚持中成长　于成长中坚持

尽管我出生在一个普普通通的家庭,但是从小父母对教育的重视以及我所接触的众多优秀教师对我的培养,使我很早就产生了对教师这个职业的向往,带着父母对我的真诚祝福和企盼,成功地考入了师范学院,怀着对教育的无比崇敬,很荣幸大学毕业就坚定而从容地踏上了这三尺讲台,开启了我人生踏入教育的一个崭新的篇章。

翻看着初为人师时和学生的合影,品读着初次上课后的心情日记,令我感慨万分,仿佛初次踏上讲台的那种激动、羞涩,还带着那点恐惧依然历历在目,转眼已经在这个岗位上一年多了。我体会着这一种平平凡凡、忙忙碌碌的充实感与幸福感,全心全意地投身于自己所热爱的教育事业。

一、坚持中,我不断成长。

教书育人并不如我想象的那样顺利和轻松。在和学生接触的过程中,我有过困惑、迷惘、不知所措，甚至有过失望，值得庆幸的是，现在的我终于从困惑中走出来了，那就是：爱心＋耐心＋方法＋时间。泰戈尔曾经说过："不是铁器的敲打，而是水的载歌载舞，使粗糙的石块变成了美丽的鹅卵石。"教书育人的过程正是水的载歌载舞，轻柔、舒适，而又不露痕迹。尤其对于那些受同学嘲笑，被老师冷眼的学生，更是需要老师"润物细无声"般绵绵的关怀以填补他们爱的空缺，让他们能够在爱的鼓励下改正缺点，取得进步。

二、成长中，我努力坚持。

"问渠哪得清如许，唯有源头活水来。"教书育人的道路催我奋进，促我成长。我在默默耕耘中收获着点点滴滴，无论是我自己获得的那些大大小小的荣誉，还是我辅导的学生取得的那些成绩，都让我感到付出的欣慰。我想这一切的取得无不因为我在不断坚持，坚持着这个教育的梦想。

我应当于成长中坚持，钻研教材，不断反思，撰写案例，与新的观念同行，将新的教学理念根植于大脑，落实到自己的行动中来，积极实践与创新。只有不断地去充实自己，才能不断有新的发现、新的收获。为了使自己的知识库多存一点，为了给学生一些宝贵的知识，在学校里我只要一有时间就会去图书室借书看。周末，我经常在书店里穿行，沉浸于书的海洋。常常与同事交流，虚心向人请教，使知识得以不断充盈。因为要给学生一杯水，自己有一桶水还不够，应当有源源不断的活水。

"在坚持中成长，于成长中坚持。"作为一名新教师，坚持教育事业，坚守教育岗位是我人生的目标和方向，点滴成长便给了我在这条道路上源源不断的动力，令我体会到成为教师绵绵不绝的幸福感！

高桥小学，毛颖颖

http://www.xsgqxx.com/Article/ShowArticle.asp? ArticleID＝2269

（二）中年期教师的身心发展特点

当你走过青年期，步入中年期，这时教师的成长就稳定于一个较为平缓的阶段，但同时也带给你新的挑战,你准备好了吗?

1. 中年期的一般心理特点

成年中期,机体的器官与系统运作功能缓慢地下降,但是生理机能还是相对稳定的。不过衰老的信号开始出现,例如,40 岁到 50 岁时皮肤开始出现皱纹。中年人往往身高有所下降,体重开始增加。成年期的一个重要变化是更年期的到来,在女性身上表现得更为明显。女性更年期一般发生在 40 岁到 50 岁之间,生理上表现为排卵停止,行经停止,心理上表现为心情抑郁,情绪不稳定。

这一时期智力的有些方面随着年龄增长有所下降,如那些较直接与神经系统状态相联系,而较少依赖后天经验的智力因素有下降趋势,包括记忆数字、快速反应、注意分配或高度集中能力等。那些较多依赖教育和实践经验的智力因素,如词汇、推理能力、解决问题的策略等却有所提高。即流体智力的发展在 30 岁以后将随年龄的增长而缓慢降低,晶体智力在这一时期持续增长。这一时期的个体容易在其领域内成为专家,因为从青年期开始,个体已经在所在的领域接受了十年以上的系统训练。虽然这一时期的记忆较 30 岁之前有所减弱,但对于经常用脑的人来说,这一时期的记忆力还是非常强的。这个时期,辩证逻辑思维逐渐发展为主要的思维形态。创造性思维也有高度发展,但由于成年期个体的遗传、知识经验等的不同,他们的辩证思维能力存在很大的个体差异。

这个时期个体的道德观已经成熟和稳定,对道德的社会认知能力和道德目标都进入高水平阶段,不仅依据道理原则进行自律,还能成为别人的榜样和楷模。中年期个体情绪整体稳定,个性越来越成熟乐观。这个时期的发展特征是成年期的繁殖感和停滞感。这个时期的很多人事业已经稳定,家庭幸福,人所追求的一般需要基本都已经得到满足,所以在人格上这个时期是稳定的和平衡的。但不少人也会遭遇一定的中年危机,因而需要个体对自己的心理变化和生活变化进行较好的调适,避免生活和心理失去平衡,使得个体能够顺利地度过这个时期。

2. 中年期教师的职业心理特点

这一时期的教师身体机能在慢慢下降,但身体状况相对稳定。职业病出现在一些教师身上,教师常见的职业病有颈腰受损、肩周炎、声带息肉等,很多教师都处于亚健康状态。且教师进入中年后,要承担对自己父母和子女的双重责任,使得他们肩上的担子更重,压力也大了许多。即便是这样,他们自己还要在职业上取得更好的发展,因而需要付出更多的努力。

中年期正处在事业发展的平稳期,人生观、世界观、价值观已定型,他们更加关注自我在职业上的成就和发展。这一时期随着知识经验的积累,中年教师的分析能力、抽象逻辑思维能力高度发展,能进行缜密的逻辑思维和作出理智的判断,具备独立解决问题的能力,因而是容易出成果和事业上获得成功的主要阶段。这个时期有些教师自我满足、不思进取,只是重复着自己的教学,最终只是成为一名熟练的工匠。还有一部分教师由于长期处于劳累的工作状态,产生了职业倦怠,早早进入高原期。而另一部分教师由于有远大的教育理想,坚定的奋斗目标,因此能在日常的环境中调整好自己的心态,静心学习、潜心教学,努力提高丰富自己,创造性地开展工作,不断地超越自己,从而朝职业生涯发展的更高层次迈进。

中年期教师已步入职业成熟期,部分教师由于种种原因产生高原现象,高原现象属于成长过程中的正常现象,但是,如果不能正确认识导致高原现象的原因,就会在情绪上产生一定的波动,从而对自身的发展以及工作和学习造成消极影响。高原现象表现为体能和效率开始明显下降,热情不断耗尽,缺乏主动性和积极性,工作满意度不高,社会支持感不强,加之这一时期家庭负担加重,工作压力增大,从而产生职业倦怠。

身心疲惫的何老师

何老师,44 岁,语文老师,性格比较内向,从小生活在农村。大学毕业后回到家乡,在家乡一所乡级中学任教,由于工作认真负责,三年后调到县中,很快成为学校的教学骨干,并且在全市有一定的知名度。市区的一所重点高中想调她去,她一心想去市里工作,生活环境比较好,机会也多一些,而且也为孩子的未来着想,所以欣然前往。可是到了市里以后,情况并不像她想象的那样乐观,由于初来乍到,与同事关系比较陌生,加上她来自农村,同事难免对她有些偏见,这使她自尊心受到了极大的伤害。虽然随着时间的推移,情况有些好转,但她依然感到失落。整天忙于工作,很少有空闲的时候,看看周围同龄人,大都在为房子、孩子忙碌着,她也就随了大流。在一次体检中,她被发现患有高血压,她感叹地说:"我感觉现在的生活平淡无味,整天机械地忙着,没有时间停下来思考。学校的应试越来越激烈,从早到晚都在学校,花了那么多时间,也没见到有什么效果,教育的意义已经索然。别说学生厌学,我都感到厌教了。但这就是现实,我们每天都要应对。教师吃的是良心饭,对得起学生就对得起自己了。但是现在身体弄成这个样子,不值得。还是要善待自己,否则什么都白忙。"

程振响主编:《教师职业生涯规划与发展设计》,南京师范大学出版社 2006 年版

(三)老年期教师的身心发展特点

在教学岗位上奋斗了几十年后,你是否已经退休还是即将退休呢? 在教学第一线努力了几十年,你是否收获满满呢? 下面让我们一起来了解一下老年教师这个群体的发展特点。

1. 老年期的一般心理特点

到了成年晚期,身体外在的变化变得非常明显。体重下降,呼吸系统也开始衰退,机能水平逐渐降低,老年人的视觉、听觉及痛觉等感觉器官都发生明显的退行性变化。他们的神经系统、反应行为和运动行为也逐渐迟缓,剧烈活动的能力也下降了。这些身体的变化可能会对生活产生一定的影响。

这一时期个体的信息加工速度下降,部分认知机能下降,比如感知觉、记忆、思维等均发生退行性变化,但是他们的文化性、智慧性知识发展稳定。不同智力的变化是不同的,流体智力在六十岁之后减退明显,而晶体智力则直到七八十岁才有所减退,而且减退缓慢,有的甚至还有所提高。但是研究证明老年智力具有可塑性和潜能,如果采取适当措施,可减慢老年智力减退,挖掘其中的潜能。在日常生活的许多任务中,可以通过经验习得的策略来补偿年龄增长带来的加工速度减缓。

2. 老年教师的职业心理特点

老年期的教师身体上发生了上述微妙的变化,身体机能下降,认知活动也发生着一系列退行性的变化。这一时期的教师已经退休或即将退休,那么他们应当怎样度过呢? 怎样才能老有所学、老有所乐、老有所为,好好度过退休后的生活? 有些老年教师依然在播种希望,充分发挥自己的光和热,继续为社会作着贡献。还有的练书法、学画画,做一些适合自己体质的运动,依然在不断提高个人文化、思想和品德修养。

"莫道桑榆晚,为霞尚满天"这是刘禹锡花甲之年写给自己的好友白居易的一首诗中的句子,让人感受到刘禹锡那种豁达乐观、积极健康的人生态度。一些老年人退休后,重新找到了自己的兴趣和新角色,建立起自己积极快乐的晚年生活。有些老年人还老有所成,不断地发掘着自己的价值,并实现着自己的理想。美国宇航员约翰·格伦在 1957 年首次成功地完成洲际超音速飞行,在 1962 年成为第一个在太空绕地球 3 圈的美国人,1999 年成功地通过了艰苦的训练和测试,在 77 岁高龄乘坐发现号航天飞机重返太空,并在苛刻复杂的太空条件下完成了探险任务。[①] 这样看来老年人身上也依然可以蕴藏着年轻的心态和追求。不管生理年龄如何,心理上依然可以保持着年轻的心态和对生活的美好追求,甚至是完成自己未完成的理想。

不同时期教师的身心发展特点是不同的,教师应当对这些知识有所了解,了解自己的优势与劣势,扬长补短,并将其用于处理自己职业生涯中遇到的问题,以更好地为自己的职业生涯服务。

---

① 连榕编著:《教师职业生涯发展》,中国轻工业出版社 2008 年版,第 60 页。

有迹可循谋发展
——教师职业生涯规划与发展的理论

职业生涯规划与发展的理论中，职业生涯的选择理论和职业生涯发展的阶段理论对个体的职业生涯发展的指导有着重要的意义。职业生涯的选择理论主要关注于个体选择某项职业、进入某个特定组织工作之前的职业选择和决策问题。职业生涯发展的阶段理论主要关注个体选择了某项职业、进入某个特定组织之后的职业发展的不同阶段的问题。

一、职业选择理论

罗素说过，"选择职业是人生的大事，因为职业决定了一个人的未来。……选择职业，其实也就是选择将来的自己。"求职者在选择职业时，经常会面临许多心理问题，职业生涯的选择理论主要关注的就是个体如何选择职业的问题。职业生涯的选择理论假定个体特征基本决定了其适应什么样的职业，个体应该根据自己的特征找到适合自己的职业，以达到人职匹配的目的。如果匹配得好，则个人的特征与职业环境协调一致，工作效率和职业成功的可能性就大为提高；反之，则工作效率和职业成功的可能性就低。这类理论主要包括特质—因素理论、职业性向理论和职业锚理论。

（一）特质—因素理论

特质—因素理论是美国波士顿大学帕森斯（F. Parsons）教授创立的，它是职业生涯管理理论中最为悠久的理论。这一理论直接建立在帕森斯关于职业指导三要素思想之上，后经美国的另一个职业心理学家威廉斯（E. G. Willianson）进一步发展而成。

特质—因素理论的核心是人与职业之间的匹配，每个人都有一系列独特的个性。并且可以对其进行客观而有效的测量，每个人独特的特质又与特定的职业相关联；为了取得成功，不同职业需要配备具有不同个性特征的人员；个人特质与工作要求之间配合得越紧密，职业成功的可能性就越大。因此帕森斯提出了职业选择的三步范式法，即了解自己、分析职业、人职匹配。三部范式法被认为是职业选择和职业设计的至理名言，并得到不断的发展和完善，在职业指导中其具体步骤如下：

第一步是对个体的特性进行评价，评价求职者的生理和心理特点。通过心理测量以及会谈、调查等方法，获得有关求职者的身体状况、能力倾向、兴趣爱好、价值观、气质与性格、家庭背景、学业成绩、工作经历等情况，在获得个体全面材料后，对这些资料进行综合评价。

第二步是对各种职业的因素进行分析，并向求职者提供有关的职业信息。信息包括：职业的性质、工资待遇、工作条件以及晋升的可能性；求职的最低条件；为准备就业而设置的教育课程计划、学习年限、入学资格和费用；就业机会等。

第三步是人—职匹配。指导人员在了解求职者的特性和职业的各项指标的基础上，帮助求职者进行比较分析，以便选择一种适合其个人特点的有可能得到的并能取得成功的职业。

由于人们对自身的特质与职业的要求缺乏清楚的认识，威廉斯将人们在职业选择中碰到的问题概括为四类:第一类是没有选择,求职者完全不知道自己要选择的职业是什么,或者是求职者有两个或更多的职业偏好,但不知道选择哪一个;第二类是不确定的选择,这类求职者可能有初步的职业选择,但不确定哪个是适合自己的;第三类是不明智的选择,这类求职者选择的职业可能与个人的特质之间匹配度较低,如一个人选择了远远低于自身能力所企及的职业;第四类是兴趣与能力相矛盾,一些求职者选择了与他们测量出的兴趣并不匹配的职业。

特质—因素理论为人们职业选择提供了最基本的指导原则,即人职匹配原则。这一原则清晰明了、简便易行,具有很强的操作性,在职业选择的研究及应用领域受到了人们广泛的重视,也深深地影响了后来的职业心理学发展,如广泛应用的职业测评运动正是发源于特质—因素论,各种兴趣问卷、能力测验也都是基于特质—因素思想。当然这一理论也有其局限性,一方面它忽视了社会因素对职业选择的影响和制约作用,另一方面它以静态的观点看待个人的特质,没有看到个人与职业都是在现实环境及相互作用中不断变化的。

(二)职业性向理论

职业性向理论是美国著名心理学教授和职业指导专家霍兰德(Holland)在 20 世纪 60 年代创立的,也称为人格类型理论。这一理论是霍兰德基于自己的大量职业咨询的实践和研究提出的,他认为,职业性向或者人格类型决定着个体的职业选择。职业性向是指一个人由于自身天赋、兴趣、性格、价值观等而产生的职业意愿和职业渴望。一个人的职业性向会极大地影响他的职业适宜度。人们一般都倾向于寻求和自己职业性向相匹配的职业类型,以追求自己感兴趣并可以充分施展才华的职业环境。如果个人职业性向与职业类型匹配程度越高,其工作满意度和工作热情越高,也越容易取得成就。反之,如果两者的匹配度越低,那么个人的工作积极性难以调动,工作满意度和工作热情就越低,可能会更多地选择转换职业。

霍兰德将个人的职业性向或人格类型划分为现实型、研究型、艺术型、社会型、企业家型、传统型。每一种特定类型的人,会对相应职业类型中的工作或学习感兴趣,同时,他也将职业类型相应地划分为上述六种类型。霍兰德划分的六种劳动者人格类型和六种职业类型的具体内容见表2-1。

表2-1 人格类型与职业类型匹配模型①

类型	劳动者的人格特点	职业类型
现实型(R)	愿意使用工具从事操作性强的工作;动手能力强,做事手脚灵活,动作协调;不善言辞,不善交际。	主要指各类工程技术工作、农业工作。通常需要一定体力,需要运用工具或操作机器。主要职业有:工程师、技术员;机械操作、维修安装工人、木工、电工、鞋匠等;司机;测绘员、描图员;农民、牧民、渔民等。
研究型(I)	抽象能力强,求知欲强,肯动脑,善思考,不愿动手;喜欢独立和富有创造性的工作;知识渊博,有学识才能,不善于领导他人。	主要从事科学研究和科学实验工作。主要职业:自然科学和社会科学方面的研究人员、专家;化学、冶金、电子、无线电、电视、飞机等方面的工程师、技术人员;飞机驾驶员、计算机操作人员等。
艺术型(A)	喜欢以各种艺术形式的创作来表现自己的才能,实现自身的价值;具有特殊艺术才能和个性;乐于创造新颖的、与众不同的艺术成果,渴望表现自己的个性。	主要从事艺术创作工作。主要职业:音乐、舞蹈、戏剧等方面的演员、艺术编导、教师;文学、艺术方面的评论员;广播节目的主持人、编辑、作者;绘画、书法、摄影家;艺术、家具、珠宝、房屋装饰行业的设计师等。

① 刘冰,张欣平编著:《职业生涯管理》,山东人民出版社2004年版,第58—59页。

续表

类型	劳动者的人格特点	职业类型
社会型(S)	喜欢从事为他人服务和教育他人的工作;喜欢参与解决人们共同关心的社会问题,渴望发挥自己的社会作用;比较看重社会义务和社会道德。	主要指各种直接为他人服务的工作,如医疗服务、教育服务、生活服务等。主要职业:教师、保育员、行政人员;医护人员;衣食住行服务行业的经理、管理人员和服务人员;福利人员等。
企业家型(E)	精力充沛、自信、善交际,具有领导才能;喜欢竞争,敢冒风险;喜欢权力、地位和物质财富。	主要指那些组织与影响他人共同完成组织目标的工作。主要职业:经理、企业家、政府官员、商人、行政部门和单位的领导者、管理者等。
传统型(C)	喜欢按计划办事、习惯接受他人的指挥和领导,自己不谋求领导职位;不喜欢冒险和竞争;工作踏实、忠实可靠,遵守纪律。	主要指各类与文件档案、图书资料、统计服务之类相关的各类科室工作。主要职业:会计、出纳、统计人员;打字员;办公室人员;秘书和文书;图书管理员;旅游、外贸职员;保管员;邮递员;审计人员;人事职员等。

该理论的实质在于个体职业性向与职业类型的相互匹配。根据该理论,他编制了霍兰德职业性向测试和自我导向搜寻量表两种测量工具,个体在选择职业时可以根据测试结果来帮助自己做出职业生涯规划,可以选择更适合自己人格类型的职业环境,更好地发挥自己的才能。但在职业选择中,个体并非一定要选择与自己的人格类型一致的职业环境,因为一方面个体本身可能是多种职业类型的综合体,可以以其在六大类型中得分居前三位的类型组合来评价个体的职业性向类型。另一方面在选择职业时,还要受社会的职业需求和获得职业的现实可能性的影响。

2005年初,一家经营办公设备的跨国公司决定在售后服务部门实施交叉销售的经营战略,在提供售后服务的同时,销售其他办公设备。于是,公司对售后服务人员进行再培训,以期他们既做售后服务,又做销售。结果,许多售后服务人员不习惯销售,不适应既是服务人员又是销售人员的角色。后来,又经过多次培训,教育,督促,甚至下达硬性指标,上半年的销售业绩仍然没有明显改善。相反,部分员工甚至产生了抵触情绪。

人力资源部门感觉这样的做法不对,应该让乐意销售的人做销售,不乐意销售的人仍然只做售后服务。而主管经理说:这样做你能保证良好的业绩吗? 人力资源部门不敢打保票,但又提不出有力的依据。在人力资源部门的请求下,公司聘请外部咨询专家给该公司的管理人员讲解了职业性向理论的主要内容,并给售后服务部 49 名员工做了职业性向测试。根据测试结果,人力资源部门选出那些性格外向型、微外向型或双向型、职业性向为创业型的售后服务人员,传授他们进行交叉销售所需要的知识和技能。然后让这些售后服务人员既服务又销售,而让其他售后服务人员继续提供售后服务。因为根据霍兰德的职业性向理论,创业型的人善于交际,口才好,擅长销售。据调查,2005 年下半年,该公司顾客满意度从上半年的 78% 上升到 91%,平均每月销售业绩比上半年上升了 28%。公司正在论证将此理论推广到全公司的可行性。

林枚,李隽,曹晓丽:《职业生涯开发与管理》,

北京交通大学出版社 2010 年版,第 183 页

(三)施恩的职业锚理论

此理论由美国著名的人力资源管理专家施恩(Edgar. H. Schein)提出。职业锚指个人对自己职业进行选择、定位的"系留点",即如何把自己的职业航船锚定在特定领域或位置。它是人们选择和发展自己的职业时所围绕的中心,即无论怎样变换职业类型,但总有些内在的职业选择的原因没有变,这个原因也就是职业锚。施恩对职业锚的定义为:"当一个人不得不做出选择的时候,他或她无论如何都不会放弃的职业中的那种至关重要的东西或价值观。"

施恩认为,职业生涯发展实际上是一个持续不断的探索过程。在这一过程中,个人根据自己的天资、能力、动机、需要、态度和价值观等慢慢地形成较为明确的与职业有关的自我概念,随着长期的职业实践和对自己的越来越了解,人们逐渐形成一个占主要地位的职业锚。职业锚强调个人能力、动机和价值观三方面的相互作用与整合,它反映出个人的职业价值观和潜在才能。另一方面,职业锚是个人同工作环境互动作用的产物,在实际工作中是不断调整的。

为了帮助人们更好地进行职业定位和选择,施恩通过研究总结出了八种职业锚:技术职能型职业锚、管理能力型职业锚、创造型职业锚、安全型职业锚、自主型职业锚、纯挑战型职业锚、服务型职业锚、生活型职业锚(如表2-2所示)。

表2-2 八种职业锚的特点①

类型	特征	工作类型
技术职能型职业锚	对某一特定工作有专长或强烈的兴趣,注重工作的专业化,对总经理式的工作内容兴趣不大。	工作应对个人具有挑战性,通过该项工作可以体现个人的工作能力和技巧。典型的工作如技术主管和职能部门经理。
管理能力型职业锚	不愿意将自己局限于某一专业方向上,往往在以下方面表现超人:分析能力(尤其在信息模糊下的决策能力),人际关系和组织能力。具有强壮的神经和充沛的精力,尤其在强大的工作压力和困难下仍能客观处理问题。	渴望承担更大的责任,希望从事充满挑战性、变化丰富的工作;有领导他人的机会。

---

① 张勉:《职业锚》,《人力资源》,2002年第8期。

类型	特征	工作类型
创造型职业锚	有通过开发新产品或服务创造自己生意的强烈愿望,把赚钱作为成功的衡量标准。这种愿望往往在职业生涯的早期就付诸行动。以自我为中心,在传统组织中不会呆太久。	着迷于创新性的工作,不喜欢墨守成规。适合做企业家,在自己的企业中会不断地开发新产品和服务项目,否则会失去工作的兴趣。
安全型职业锚	注重职业的安全和稳定,喜好可预测的未来。在某一职业阶段,经济上的安全成为主要的关注焦点。典型工作如:银行职员和政府公务员。	喜好稳定、可预测的工作性质。对工作内容的兴趣胜过工作本身的性质。喜好的组织特征:提供长期职位、很少裁员,有好的退休计划和福利项目。
自主型职业锚	不愿意被条条框框限制,喜好以自我的方式、节奏和标准做事。往往从事一些自主性较高的工作,如咨询师和教师,或大型组织中的研发工作。	喜好有明确时限,又能发挥个人专长的工作,偏好做项目类的工作,厌恶监工式的管理。能接受组织交给的目标,但目标一旦设定,希望按自我方式工作。
纯挑战型职业锚	有征服人和事的意向。对成功的定义是克服非常困难的障碍,解决难以解决的问题或征服难以征服的对手。不在乎工作的专业领域。典型职业:特种兵、高级管理顾问。	工作领域、组织类型、薪酬系统、晋升方式和认同形式都必须服从于在工作中是否能够不断提供挑战自我的机会,缺少这样的机会使个人感到厌烦和无趣。
服务型职业锚	希望以某种方式改善自己周围的环境,选择帮助别人为主的职业,如医师、护士、社会工作者。希望与他人合作、服务人类等精神在工作中得到体现。	喜欢从事符合自己价值观的工作,可以影响所服务的组织或社会政策。在缺少他人支持的情况下,会向有更大自由度的职业如咨询师上转。

续表

类型	特征	工作类型
生活型职业锚	强调工作必须和整体生活相结合。不仅仅是在个人和职业生活之间形成一种平衡,而是个人、家庭和职业需要的融合。	需要灵活的工作时间安排如弹性工作制,需要更多的休息日、哺乳假、在家办公等。

职业锚对个体的职业生涯规划有着重要的作用。在个体不断地探索职业生涯的过程中,通过对职业锚的认识,个体会找到自己长期稳定的职业贡献区,在这一贡献区内一直努力并积累丰富的工作经验、知识技能,个体的职业竞争力也随之增强,职业成就也不断提高。

我上小学的时候,体弱多病,经常不能按时上学,是我的老师背我上学回家。记得有一次,在课堂上胃病发作,疼痛难忍,蹲在地上起不来,是我的老师把我背到卫生所治疗,之后又送回家。然后又天天去家里给我补课,直至病好入学。老师,这个神圣而光荣的职业,从小就在我心中扎下了根,无私的奉献、辛勤的劳作、循循善诱的启迪,使我万分感激。我发誓,长大后也要当一名人民教师。

高中毕业之后,我真的成了一名人民教师。教师,这个辛勤、清贫而光荣的职业。在一般人的眼里,我们不富有。但是我觉得教师这个职业,比百万富翁更富有! 百万富翁没有给孩子打开知识宝藏的金钥匙,他们没有桃李满天下的乐趣,更没有孩子获奖后的幸福感。但教师有! 我坚信,随着社会经济建设的飞速发展,我们的地位是会很快提高的,是会成为天底下最光荣的职业! 我为选择教师这个神圣而光荣的职业而终生无悔! 我高兴,我激动,因为我选择了教师这个角色!

http://blog.sina.com.cn/s/blog_648b01470100gufr.html

二、职业生涯发展的阶段理论

人生发展要经历不同的阶段,正如孔子所说:吾十有五而志于学,三十而立,四十而不惑,五十而知天命,六十而耳顺,七十从心所欲不逾矩。同样,个体的职业生涯也要经历不同的阶段,了解不同的职业阶段的特点有助于更好地促进职业生涯的发展。许多学者对职业发展阶段特征进行了研究,形成了不同的职业发展阶段理论。

(一)金斯伯格的职业生涯发展理论

美国著名职业指导专家金斯伯格(Eli Ginzberg)对职业生涯的发展进行过长期研究,并对实践产生了广泛影响。他探讨了从童年到青少年阶段的职业心理发展过程,认为职业在个人生活中是一个连续的、长期的发展过程,外在环境、人格特质、价值观念、教育机会和工作成就的变化等均会影响职业选择和发展的过程,因而,每一个人的职业选择会表现出不同的特征。金斯伯格将职业生涯发展分为幻想期、尝试期和现实期三个阶段,每个阶段都有不同的发展特点和任务,该任务如果能够顺利完成,就能实现这个阶段相应的目标。

1. 幻想期(11岁之前)

幻想期的特征是儿童对大千世界,特别是对于他们所看到或接触到的各类职业工作感到好奇和好玩,并在游戏中扮演他们所喜欢的角色。这个时期儿童的职业期望仅仅是由兴趣爱好决定的,不考虑自身的条件、能力水平和社会需要与机遇,完全处于幻想之中。

2. 尝试期(11~17岁)

这是由少年儿童向青年过渡的时期。这一阶段是个体职业思想形成的最重要的阶段,此时,人的生理和心理都在迅速地成长发育和变化,独立意识和价值观念开始形成,知识和能力显著增长和增强,并开始获得初步的社会生产与生活的经验。这时开始思考自己今后的职业和自己所面临的任务,并开始为完成面临的任务而努力。个体会考虑各种与职业选择有关的因素,比如认识自己的职业兴趣在哪里,开始客观地审视自身各方面的条件、职业兴趣和能力是否符合职业角色,并思索职业角色的社会地位、社会意义以及社会对该职业的需要程度。

金斯伯格把尝试期又分成四个阶段:

第一,兴趣阶段,个体开始注意并培养其对某些职业的兴趣,兴趣是职业选择的基础。

第二,能力阶段,开始衡量和测验自己的能力,并考察能力与兴趣的一致程度。

第三,价值阶段,个体开始了解职业的价值意义,将职业选择与自身的价值观相匹配,并在职业选择时能够兼顾个人与社会的需求。

第四,综合阶段,综合考虑兴趣、能力与价值观这三方面,个体会把兴趣与能力统一到开始形成的价值体系中去,并结合职业选择的相关资料来了解自己将来的发展方向。

3. 现实期(17 岁以后)

个体在这一时期更注重现实,能够客观地把自己的职业愿望或要求,同自己的主观条件、能力以及社会现实的职业需要紧密联系和协调起来,寻找适合于自己的职业角色。这一时期所期望的职业不再模糊不清,已有具体、现实的职业目标,该时期的特点是客观、现实、讲求实际。金斯伯格将这一时期分为三个阶段:

第一,试探阶段,个体尝试把自己的选择与社会需要联系起来,试探各种职业机会和可能的选择。

第二,成型阶段,根据试探阶段的结果形成个体明显的职业模式,做进一步的职业选择。

第三,明确阶段,根据自我选择的特定目标,选择特定的职业,并做好具体的就业准备。

可以看出,金斯伯格的职业发展理论,描述的是前期职业生涯发展的不同阶段,是就业前人们职业意识或职业追求的变化发展过程。

（二）舒伯的职业生涯发展阶段理论

美国著名的职业管理学家唐纳德·舒伯把职业生涯的发展看成是一个持续渐进的过程，一直伴随个人的一生。该理论的内容包括：

1. 自我概念

自我概念是舒伯理论中的核心概念。自我概念就是指个人对自己的兴趣、能力、价值观及人格特征等方面的认识。一个人的自我概念在青春期以前就开始形成，至青春期较为明朗，并于成人期由自我概念转化为职业生涯概念。即关于"我是谁？""我能做什么？""我将往何处去？"等的回答。工作与生活满意与否，就在于个人能否在工作和生活中找到展现自我的机会。用舒伯的话说，"职业生涯就是对自我的实践"。

2. 生涯发展阶段

舒伯从发展心理学和社会学的角度对各种职业进行分析，将职业生涯发展分为以下五个阶段：

（1）成长阶段（出生～14岁）

该阶段的儿童身体与心理在不断地成长发育和变化，儿童开始逐渐形成自我概念，对职业的好奇占主导地位。该阶段的任务是形成对工作的正确态度，并了解工作的意义。这个阶段又包括三个时期：

第一，幻想期（4～10岁），它以"需要"为主要考虑因素，这个时期幻想中的角色扮演很重要；

第二，兴趣期（11～12岁），它以"喜好"为主要考虑因素，喜好是个体抱负与活动的主要决定因素；

第三，能力期（13～14岁），它以"能力"为主要考虑因素，能力逐渐具有重要作用。

（2）探索阶段（15～24岁）

该阶段的青少年自我概念与职业概念逐渐形成，通过学校活动、休闲活动、打零工等机会，对自我能力及职业进行探索。这个阶段的发展任务是使职业偏好逐渐具体化、特定化，并实现择业与初步就业。该阶段又包括三个时期：

第一，试探期（15～17 岁），个体会考虑自己的需要、兴趣、能力及机会，做暂时的决定，并在幻想、讨论、课业及工作中加以尝试，做试探性的选择；

第二，过渡期（18～21 岁），进入就业市场或专业训练，更重视现实，并力图实现自我观念，将一般性的选择转为特定的选择；

第三，试验并稍作承诺期（22～24 岁），职业生涯初步确定并试验其成为长期职业生活的可能性，若不适合则可能再经历上述各时期以确定方向。

（3）建立阶段（25～44 岁）

这个阶段是生涯周期的核心部分，由于经过上一阶段的尝试，以确定前一阶段的职业选择与决定是否正确，如果感到选择正确，就会努力经营，确定自己会在此工作领域内一直工作下去并希望有所建树。如果感到选择不合适，个体会谋求变迁或做其他探索。在该阶段较能确定自己在整个职业生涯中的位置，并在 31 岁至 40 岁开始考虑如何保住这个位置并固定下来。这个阶段发展的任务是统整、稳固并求上进。这个阶段又可细分为两个时期：

第一，尝试期（25～30 岁），原本以为适合的工作，后来发现可能不太满意，于是个体会做出一些改变。此阶段是定向后的尝试，和探索阶段的尝试不同；

第二，建立期（31～44 岁），当确定自己的职业形态后，个体就致力于工作上的稳固，大部分人处于最具创意时期，往往业绩优良。

（4）维持阶段（45～65 岁）

这个阶段个体通常已经具有一定的成就和社会地位，同时会面对新的人员的挑战。个体仍希望继续维持属于他的工作位置，希望人们仍将其看作是一个对组织有贡献的人，关注技能的更新，以免丧失已有的优势和地位。他们拥有丰富的工作经验，对单位的目标及文化也理解得更加透彻，因而他们能够通过培训和辅导青年员工来发挥自身的技能和经验特长。这一阶段发展的任务是维持既有成就与地位。

（5）衰退阶段（65 岁以上）

由于生理及心理机能日渐衰退，工作活动将会改变，个体不得不面对现实：从积极参与到逐步隐退并结束职业。这一阶段往往注重发展新的角色,减少权力和责任,适应退休后的生活。

在上述舒伯的生涯发展阶段中,每一阶段都有一些特定的发展任务需要完成,并达到一定的发展水准或成就水准,而且前一阶段发展任务的达成与否关系到后一阶段的发展。

3. 生命彩虹图

舒伯后来又提出了一个更为广阔的新观念——生活广度、生活空间的生涯发展观(1981)。这个生涯发展观,除了原有的发展阶段理论之外,较为特殊的是加入了角色理论,并将生涯发展阶段与角色彼此间交互影响的状况,描绘出一个多重角色生涯发展的综合图形,舒伯将它命名为"一生生涯的彩虹图"(如图2-1所示)。

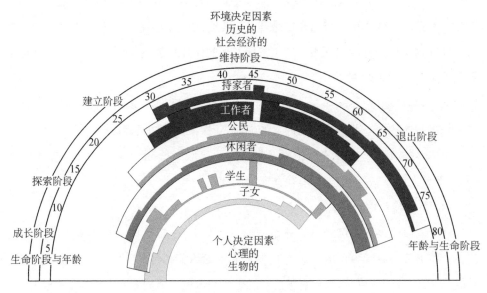

图2-1 一生生涯的彩虹图

(1)横贯一生的彩虹——生活广度

在一生生涯的彩虹图中,横向层面代表的是横跨一生的生活广度。彩虹的外层显示人生主要的发展阶段和大致估算的年龄:成长期(约相当于儿童期),探索期(约相当于青春期),建立期(约相当于成人前期),维持期(约相当于中年期)以及衰退期(约相当于老年期)。在这五个主要的人生发展阶段内,各个阶段还有小的阶段,舒伯特别强调各个时期年龄划分有相当大的弹性,应依据个体不同的情况而定。

(2)纵贯上下的彩虹——生活空间

在一生生涯的彩虹图中,纵向层面代表的是纵贯上下的生活空间,是由一组职位和角色所组成。舒伯认为人在一生当中必须扮演九种主要的角色,依序是:儿童、学生、休闲者、公民、工作者、夫妻、家长、父母和退休者。

(3)生涯成熟

生涯成熟是指个人面对及完成发展任务的准备程度。在一生生涯的彩虹图中,代表一个人在扮演每个角色时所投入的程度。颜色越深表示该角色的投入程度越高,空白越多表示该角色投入的程度越低。

三、教师职业生涯发展的理论

通过了解职业生涯发展理论,不难发现教师的职业生涯遵循着相同的规律和步骤,从最初的彷徨、选择到漫长的探索,历经职业高原期,步入再适应阶段,最后淡出、退休。每位教师的成长都无法背离职业发展的一般规律。同样的一些专家和学者也提出了教师职业生涯的阶段理论,这些职业发展理论为教师的职业生涯发展提供了指导和帮助。

(一)福勒的教师生涯关注阶段理论

福勒(Fullor)认为在成为教师的过程中,根据关注指向的不同,教师的职业发展可分为四个阶段:

1. 教学前关注阶段。此阶段是师资培养的时期,由于没有经历过教师角色,没有教学经验,对于教师角色仅处于想象阶段,只关注自己。

2. 早期生存关注阶段。此阶段是职前教师初次走上教学岗位,并实际接触教学工作,此时所关注的是作为教师自己的生存问题。所以教师关注自己的教学与控制、对教学内容的掌握和如何通过学校上级对自己教学的评定。因而在此阶段,教师会感受到相当大的压力。

3. 教学情境关注阶段。此阶段所关注的是教学情境的限制和挫折,以及对教师各种教学的能力与技巧要求。因此在这个阶段里,教师设法从关注学习转向关注教学情境。

4. 关注学生阶段。当教师在学会应付自己的生存需要,并从实际工作的经验中学习到如何克服困难、调配繁重工作后,才能真正地关注到学生的学习和需要。

（二）伯林纳的教师职业发展阶段理论

伯林纳(Burliner)对教师职业发展进行了系统研究,他把教师职业生涯分为五个阶段:

1. 新手阶段。此阶段的教师刚进入这个领域不久,对该领域的情况已经有了基本的理解并掌握了一些基本的行为规则,但规则的运用还不能因特定情境的变化而做出变通;已经能够辨识某项举措在实际应用情境中的优缺点,但在具体操作程序上还需要直接具体的督导和帮助。

2. 高级新手阶段。这一阶段的教师已经有了很好的知识基础,并能够辨识工作中的某些带有普遍性的模式和各相关要素之间的关系;能够根据掌握的材料设计适宜的行动方案,在技术上开始具有一定的熟练水平,并能够根据具体情境做出调整,但还不能够取得稳定性的成功。

3. 胜任阶段。此阶段的教师已经有了更为宽广的知识基础,能够运用理论分析现实情境并能依据可行的理论设计工作实施方案;能够清楚地区分现实情境中的各种信息,忽略掉那些不重要的信息,从而能将注意力集中于那些重要的信息上,并能够对现实情境做出恰当评价;个体知道遇到非典型情景时从哪些渠道可以获得帮助;个体此时已经熟练地掌握工作中需要的技术,并能够取得持续性的成功。

4. 能手阶段。此阶段的教师已经具备了广泛的知识,并能在此基础上批判性地吸收和整合新知识;不但能将科学规则运用于具体情境,而且能够提出多种可能的方案并予以整合;能够成功地预见可能发生的结果,并对可能事件进行有效管理;即使是在压力或非常规的情境下,也能够表现出高效能;能够作为某个小组的成员解决一些重大的课题,但能够意识到个人的局限性。

5. 专家阶段。此阶段的教师拥有突出的知识基础,对当前研究的前沿方向和问题也有详细的了解;能够建构科学知识并运用于教学实践中;能用直觉把握教学情境,具有很强的洞察力,只有特殊情况时,才需要运用分析的思维方式并结合本领域的规则进行判断;技术精熟,具有有效的问题解决能力和策略,能够平衡各种不同的要求并专业地对待复杂的情境。

第三章

衣带渐宽终不悔
——教师职业生涯的目标与生涯规划的过程

要做好职业生涯规划,教师首先需考虑在自己的职业生涯中应达到什么样的目标,以及如何实现这一目标。

第一节

寻找远方的灯塔
——**教师职业生涯目标概述**

　　教师职业生涯目标是教师职业生涯发展预期达到的结果状态,是教师职业生涯规划内容、程序和方法的依据和前提。在整个职业生涯中,有了目标才会找准方向,而茫无目标的飘荡终归会步入迷路,内心那座无价的金矿,也会终因不开采而与平凡的尘土一样。

一、教师制定职业生涯目标的意义

　　很多人不了解职业目标的意义与作用,认为设定目标只是一种形式,有没有目标照样可以工作和生活;有些人认为制定目标是件很麻烦的事,不愿意为此煞费苦心。把一生的命运完全交给别人主宰,自己盲目服从,岂不知坐车乘船要有个目的,盖楼建厦要有个蓝图。而人生事业这么重要的事情却没有个目标,只是随波逐流,岂不会抱憾终生吗?

　　一般来说,目标对职业生涯能起到标准化导向作用、调节作用和激励作用。① 更具体一点来说，教师制定职业生涯目标的意义可以概括为以下几个方面：

（一）制定目标可以提供参与职业生涯规划的基点

生涯目标的设定是职业生涯规划的基点，也是职业生涯规划的核心。② 一个人事业的成败，很大程度上取决于有无正确适当的目标。没有目标如同大海上的孤舟，四野茫茫，没有方向，不知道自己应走向何方。只有树立了目标，才能明确奋斗的方向，犹如海洋中的灯塔，引导你避开险礁暗石，走向成功。

凡事预则立，不预则废——职业发展目标的重要性

"凡事预则立，不预则废。"要进一步开掘自身潜能，积极健康地发展，实现自己的人生价值，更好地做一名人民教师，重要的是要确立好自己的职业目标。

一、总体目标

教书育人，为人师表，加强师德修养；立足岗位，终身学习，提升专业素质；学以致用，转变教育教学方式，利用3到5年时间，成为研究型教师。

二、具体目标

（一）教育理念。学习先进教师的教育教学观念，真诚对待自己所从事的职业，把教育教学真正作为事业，诚心诚意关爱每一个学生，用"爱"搭起教育的基石。用自己的学识及人格魅力，赢得学生的信任，点燃学生的兴趣，促进学生健康、快乐成长。

（二）探索适合自己的课堂教学模式。用新的理念指导自己的课堂教学，使课堂

---

① 程振响主编：《教师职业生涯规划与发展设计》，南京师范大学出版社2006年版，第42页。
② 林荣瑞编著：《管理技术》，厦门大学出版社2000年版，第221页。

成为学生施展才华的主阵地。通过课堂教学实践,形成自己的教学风格,探索自己的课堂教学模式,大胆创新、总结经验、不断求索。通过自己的教学艺术,使课堂上的学生个个成为爱学习,有探索欲的学生。

(三)树立终身学习的态度,切实提高自身业务素质。科学地学习专业理论知识,提升自我的专业水平和处理教育、教学实际问题的能力。教育教学过程中,不断反思、创新、总结、积累知识,不断自我充实与更新。同时,多听其他老师授课,学习他人的优点,克服自己的缺点。

(四)增强科研意识,为专业化发展提供强大的动力源。

时代在创新,要求教师也不断创新。在以后的工作中,不仅要提高能力,积累经验,还要培养自身的创新意识,真正实现创新教育,做一名优秀的新教师。

http://www.yjbys.com/Qiuzhizhinan/show-77639.html

(二)制定目标可以加强个人能力开发

在整个职业生涯中,不同阶段有不同层次的目标,目标的一一实现也就意味着个人能力的不断提升。一名教师选择了教学这个岗位,那他就应在该岗位上施展个人的才能。一旦教师开始呈现良好的教育成效,自身的专业水平得到提高,那么他在学校的资历和信任度就开始不断上升。此时,教师会为自己制定更高一层次的目标,而学校领导、同事,甚至学生也会给予他更多的关注。相应地,教师的工作关系网络也得到了拓展,一些重要的工作也将分配给他。通过这些工作,教师就可以发展更多的专长,因而最终成为专家型教师,在这个岗位上作出更为突出的贡献。随着目标的一步步实现,教师会发现自己已经进入了不断强化的良性循环之中,在这个岗位中个人能力不断得到了提升,成就感随之而生。[1]

---

[1] 张再生著:《职业生涯规划》,天津大学出版社 2007 年版,第 7 页。

（三）制定目标能对个人起到激励作用

正如拿破仑的一句名言："不想成为将军的士兵，不是一个好士兵。"作为一名教师，有了这样的目标，才能不断地激励自己。现代社会变得越来越信息灵便、机会均等，从这个意义上讲，现在已经到了一个"你想成为什么样的人就可以成为什么样人的时代"。在学校这个环境下，有了合理的目标会对教师个人有着极强的激励作用。何况，这些工作完成得好坏，可能与奖金直接挂钩（长远来说也与自己的晋升联系起来），所以目标的激励作用是非常强烈的。更重要的是，这种激励与学校及学生的目标直接挂钩，对学生会产生积极的影响，对教师个人而言，也容易产生成就感。

1952 年 7 月 4 日清晨，加利福尼亚海岸笼罩在浓雾中。在海岸以西 21 英里的卡塔林纳岛上，一个 34 岁的女人涉水进入太平洋中，开始向加州海岸游去。要是成功了，她就是第一个游过这个海峡的妇女。这名妇女叫费罗伦丝·查德威克。在此之前，她是从英法两边海岸游过英吉利海峡的第一个妇女。

那天早晨，海水冻得她身体发麻，雾很大，她连护送的船都看不到。在以往这类渡海游泳中最大问题不是疲劳，而是刺骨的水温。15 个钟头后，她被冻得浑身发麻，知道自己不能再游了，于是叫人拉她上船。她的母亲和教练在旁边告诉她海岸很近了，叫她不要放弃。但她朝加州海岸望去，除了浓雾什么也看不到。

几十分钟之后，人们把她拉上了船。后来渐渐暖和多了，这时她却有了挫败感，不假思索地对记者说："说实在的，我不是为自己找借口。如果当时我看见陆地，也许我能坚持下来。"因为她上船的地点离加州海岸只有半英里！后来她说，真正令她半途而废的不是疲劳，也不是寒冷，而是在浓雾中看不到目标。两个月后，她成功地游过了这个海峡。她不但是第一位游过卡塔林纳海峡的女性，而且比男子的纪录还快了大约两个钟头。

查德威克虽是个游泳好手，但也需要看见目标，才能鼓足干劲完成她有能力完成的任务。因此,当你规划自己的成功时,千万记得要为自己设定一个可以追逐的目标。

http://www.cnbm.net.cn/article/sr39942857.html

教师制定了自己的职业生涯目标,就会有一定的前进动力,这对教师所在学校的发展能产生积极效应,有利于学校的稳定发展和可持续发展,反过来,学校又会给教师带来更多的希望和动力,从而形成良性循环。

总之,对于处在职业生涯中的教师而言,目标能使教师不会拖延倦怠,有助于教师集中于特定目标上;能使教师重视有效能的事,有助于节省时间,测知自己的效率,促进自己的专业发展;能使教师建立新的目标,有助于继续努力,快乐地工作,达到自我实现。

二、教师确立职业生涯目标的原则

教师在确定自己的职业生涯目标时,应该遵循以下原则:

(一)水平适度原则

篮球之所以有如此众多的爱好者,篮球架子设置的高度是功不可没的,因为它既不是高不可攀,又不是触手可及,是"跳一跳,够得着"的目标。对教师而言,自身职业生涯目标的设置也要恰到好处,目标定得太低,轻而易举即可实现,这样就失去了目标管理的作用。唾手可得的目标会使人享受不到成就感和荣誉感。目标定得太高,实现不了,又会使人产生挫败感。所以目标应该是实际可行的,不能犯盲目自大、过于保守等主观错误。在此基础上要使自己的目标具有一定的挑战性,因为目标只有经过努力能够实现才有意义。

（二）梯度合理原则

首先是在时间梯度方面。教师应该把职业生涯目标分解为若干个阶段，并且划分到不同的时间段内完成。每一时间阶段又有"起点"和"终点"，即"开始执行"和"完成目标"两个时间坐标。如果没有明确的时间规定，会使职业生涯规划陷于空谈、最终失败。例如，某教师的短期职业生涯目标是在刚入职这一学期内能出色地完成教学任务，下一时间段能当上优秀班主任。所以，目标的确立必须充分考虑不同时间段的特点，遵循时间梯度的原则。

其次是目标幅度方面。在设定目标时目标幅度是宽一点好，还是窄一点好呢？一般来说，专业面越窄，所需的力量相对较少。也就是说，用相同的力量对不同的工作对象，专业面越窄的，其作用越大，其成功的几率越高。所以，职业生涯目标最好是选一个窄一点的范围，幅度不宜过宽，这样投入全部精力后容易达到目标。

（三）适合自身原则

不同的人有不同的特点，每个人都有自己的优势和劣势。据此制定出适合自己的目标，是一种睿智，俗话说：识时务者为俊杰。

教师要了解自己的优势，如兴趣、爱好、知识专长等。只有将目标建立在自己的优势之上，避开自己的劣势，处于主动有利的地位，目标才容易实现。确立一个通过努力可以达到，既充满信心，又不敢掉以轻心的目标，使自己的特点与自己的目标方向一致起来，只有这样的目标，才具有较大的驱动力。同时也要发挥主观能动性和创造性，解决新的问题或用新的方法处理常规问题，才能动态创新地规划自己的职业目标和人生目标。如果说，有目标我们不再迷惑的话，那么有适合自身的目标我们将不会困惑。随之，我们就不会盲目攀比，不会空虚苦恼，而是朝着自己的方向前行在属于自己的天空。

三、教师职业生涯目标的种类

职业生涯目标是个人职业生涯规划的首要内容，是人生的指针。有了目标，便有了人生奋斗的方向。个体职业生涯的目标是多种多样的，这些目标可以按一定的标准进行归类，主要的分类有以下几种：

（一）按时间可以分为短期目标、中期目标和长期目标

短期目标是一种现实性和具有实际价值的目标，是以长期目标为发展方向的行动性、操作性目标，可以是自己选定的目标，也可以是上级安排的目标。[①] 短期目标具备可操作性、具有具体的完成时间、切合实际、适应教学环境、能服从于中期目标等特征。在教学中，学期目标、学年目标都可看作是短期目标。

中期目标是与长期目标一致的目标，相对长期目标要具体一些，一般在三到六年。中期目标应既有激励价值，又要现实可行。

长期目标是个体基于自身的能力和社会经验来"树雄心，立大志"，它勾画出了个人职业前景和职业生涯高峰。教师的长期目标一般是十年左右，甚至更长时间，它是教师的职业人生目标，具有未来预期、宏观综合、人生理想、发展方向、引导短期、自身可变等特点。在规划职业生涯目标时，要把长期目标和短期、中期目标结合起来，统筹考虑，合理计划。

（二）按性质可以分为内职业生涯目标和外职业生涯目标

施恩把人的职业生涯分为"内生涯"和"外生涯"。[②] 职业生涯目标也由此可以分

---

① http://www.doc88.com/p-31890130938.html
② 卜欣欣，陆爱平编著：《个人生涯规划》，中国时代经济出版社 2004 年版，第 104 页。

为内生涯目标和外生涯目标两个层次。外职业生涯目标一般是具体的，它侧重于职业过程的外在标记。一般包括职务目标、工作内容目标、工作环境目标、收入目标、工作地点目标五项①。如成为教务主任就是职务目标；教师在未来十年中教学、科研、社会上达到的成果就是工作内容目标；收入直接关系个人和家庭的切身利益，如希望自己在一定时间内月收入或年收入达到一定的数目就是收入目标。

有的教师可能从一进入学校就在追求职务目标，没有职务的升迁，就认为是职业生涯的停滞不前，而忽视了内职业生涯目标的追求。内职业生涯是指从事一种职业时的知识、观念、经验、心理素质、内心感受等因素的组合及其变化过程。它是别人无法替代和窃取的人生财富。内职业生涯目标包括工作能力目标、工作成果目标、提高心理素质目标、观念目标等。工作能力是对处理职业生涯中各种工作问题的能力的统称。对教师而言，工作能力通常包括通用能力、学科能力、课堂管理能力、心理辅导能力、课堂教学能力和研究能力等。作为教师，自己想要达到的工作能力目标应当切合实际，并具有一定的挑战性。工作成果目标是指发现和应用新的管理方法，发表该领域的研究成果，创造新的业绩等。心理素质越来越受到职业人的重视，把提高心理素质纳入职业生涯目标已为平常之事。观念目标是指在职业活动中对人、对事、对世界的态度和价值观。对教师来说观念上要与时俱进，就是要随时更新自己的观念，跟上时代及教育发展的要求。

外职业生涯目标是内职业生涯目标的表现形式，内职业生涯目标才是职业发展规划的核心内容。如果仅仅注重外职业生涯目标的设计，那么在为之努力的过程中，往往会容易迷失方向，出现急于求成、急功近利的行为。

（三）按生涯的内容分为职业生涯广度的目标和职业生涯深度的目标

教师职业生涯的目标可以按照生涯的内容分为两类，一是职业生涯广度方面的目

---

① 王荣发主编：《职业发展导论——从起步走向成功》，华东理工大学出版社 2007 年版，第 152 页。

标,如教师个人规划自己成为教学者,或是研究者,抑或是组织策划者等;二是职业生涯深度方面的目标,如教师规划自己成为教学能手、教学专家,或者是往领导层发展,如成为校长等。

当然,教师职业生涯的这些目标是平行存在、互不矛盾的,教师职业生涯过程中可以同时实现两个或两个以上的目标。有些目标之间互为因果,相互促进。比如工作能力目标和工作成果目标是原因,则职务目标是结果,工作能力提高彰显工作成果目标,然后促成职务提升。再如一名教师在授课方面表现突出,同时他又对教学进行研究,得出科学结论,这样的两个目标之间就存在着互补的关系。尽量使内职业生涯目标和外职业生涯目标,个人事业和家庭生活全面均衡发展。

视窗 3-1

教师职业规划调查问卷

1. 您的工作岗位是: A. 教师　　B. 管理人员　　C. 其他

2. 您的年龄是: A. 45 岁以上　　B. 36—45 岁　　C. 35 岁及以下

3. 您的性别: A. 男　　B. 女

4. 您对自己目前的职业发展状况满意吗?

A. 很满意　　　　　B. 满意　　　　　C. 一般　　　　　D. 不满意

5. 您听说过教师职业规划的观点吗?　　A. 听说过　　B. 没有

6. 您目前对自己的教师生涯有规划吗?　　A. 有　　B. 没有

7. 学期(或学年)的自我总结对自己的成长有促进作用吗?

A. 作用很大　　　　B. 有一点作用　　　　C. 没有作用

8. 如果从没有写过生涯规划,那么心中是否有自己长远努力的目标?　　A. 有　　B. 没有

9. 您觉得有必要对自己的教师生涯进行规划吗?　　A. 有　　B. 没有

10. 您觉得教师生涯规划,主要内容应包括哪些?(多选)

A. 学习规划　　　B. 教学技能　　　C. 科研目标　　　D. 人际交往

E. 经济收入　　　F. 个人修养　　　G. 自我保健　　　H. 业余爱好

11. 您觉得提高自己的规划技能有哪些途径?(多选)

A．阅读规划类的书 　　 B．向他人请教 　　　 C．参考范文 　　　　 D．尝试规划

12．职业生涯规划对您来说重要程度如何？

A．重要 　　　　　　 B．一般 　　　　　　 C．不重要 　　　　 D．无所谓

13．您是否规划过自己近5—10年的职业生涯？

A．认真规划，目标明确

B．简单考虑过，目标不太明确

C．还不确定今后的职业发展道路

D．从未规划过自己的职业生涯

14．您认为影响实现职业生涯规划的主要因素是什么？（可多选）

A．个人没有明确目标

B．缺少发展机会和空间

C．工作任务繁重，无暇顾及自身发展

D．自身条件及能力的制约

E．本单位不够重视和支持

F．学校缺乏相应的政策支持

G．其他（请写出）

15．您根据自己的特长和发展选择工作的自主性大小如何？

A．自主性很大，可以按照自己的特长和发展选择工作

B．自主性尚可，能根据工作任务需要，适当兼顾个人发展

C．自主性不大，只能埋头于完成工作任务，难以顾及个人发展

D．没有自主性，完全服从于工作安排，错过了个人发展机会

16．您所承担的教学、科研工作创新性如何？对提升个人及学校的核心竞争力作用如何？

A．工作富有挑战和创新，对提升水平非常有益

B．有一点创新内容，对提升水平有一些作用

C．重复性工作多，对提升能力益处不大

D．绝大多数是重复性、事务性工作，对提升能力毫无帮助

17．您认为本单位是否重视教师的职业生涯规划，并采取了相应的支持措施？

A．非常重视，将单位发展与个人发展结合起来，有支持措施

B．比较重视，有意识引导每个人根据特长发展，但支持措施不够

C．一般，单位不大关心个人的发展

D．不重视，从来没有关心过职工的发展

18．最近 5 年,您提高业务能力的学习或进修机会(连续一个月以上)有几次？

A．3—5 次　　　　　B．1—2 次　　　　　C．从来没有

19．最近 5 年,您参加同行学术会议或对口管理部门交流有几次？

A．3—5 次　　　　　B．1—2 次　　　　　C．从来没有

20．近期您在职业生涯方面最需要的支持是:(可多选)

A．晋升高一级职称或职务

B．承担更多、更重要的工作任务

C．有学习、进修更新知识的机会

D．在事业发展上得到领导的关心与支持

E．减少工作量,给个人更多的自主发展空间

F．拥有良好的学术氛围和校风

G．提高待遇

H．其他:(请写出)

生涯设计公益网(www.16175.com),职业规划专题组推荐

第二节

我将成为怎样的教师？
——教师专业发展的目标

  职业是专业发展的基础，教师的专业发展贯穿于整个教师职业生涯的动态过程。热爱教育事业的教师，在其整个职业生涯中，虽然会经历诸多高潮和低谷，但他们一定会不断地追求自身的专业发展。

  教师的专业发展也会提升教师职业生涯的质量。[①]教师在其整个职业生涯中，通过不断地学习与实践，提高了自身的专业素养，也促进了学生的综合素质发展。这样的专业发展，使教师能够完成社会赋予的教育使命，获得职业的成功感和人生的成就感。

一、教师专业发展的内涵

  教师的专业发展，是指教师作为专业人员，在职业道德、专业思想、专业知识、专业能力、专业品质等方面由不成熟到成熟的发展过程，[②]即由一名新手发展成为专家型教师的发展过程。教师的专业发展虽然与从教

---

① 王卫东主编：《教师专业发展探新——若干理论的阐释与辨析》，暨南大学出版社 2007 年版，第 132 页。
② 程振响主编：《教师职业生涯规划与发展设计》，南京师范大学出版社 2006 年版，第 10 页。

时间有关,却又不仅仅是时间的累积,更是教师专业素养的不断提高,专业理想的逐渐明晰,专业自我的逐步形成,直至成为教育世界的创造者和专家。教学专长是教师专业发展的重要内容和表现形式,是教师专业发展在教学实践层面的具体表现。

什么是专长

在宋朝的时候,有个叫叶元清的人被点为状元,叶元清骑着高头大马,得意洋洋地在街上走着。来到一个路口时,一个樵夫却不避不让,照旧往前走,衙役们高喊让道,樵夫才停在路口说:"新科状元有什么了不起!如果小时候能够上学,现在我也是一个状元!"叶元清闻言大怒,喝道:"山村匹夫,如此不自量力,还是老老实实砍你的柴去吧!"樵夫不以为然地说:"天下学问多的是,就说砍柴吧,我想砍什么样就能砍什么样,你能吗?"状元不信。樵夫拿过一块方木,在上面画了一条线,举起斧头往下一劈,正巧沿线劈开了木头。这时,又走过来一个卖油翁,嚷着说:"这有什么了不起,如果我是樵夫,我也能做得到!"叶元清一听,就说:"好!我买你一斤九两油,但得用手倒。"卖油翁哈哈大笑,拿出一个小瓶,又在瓶口放了一个铜板,拿起油桶便倒。只见油如同一根线一样落入钱眼中,状元拿起铜板看,不沾一丝儿油痕,称一称,一点不差。状元看了两人的表演,叹了口气说:"真是三百六十行,行行出状元啊!"

http://oscarg.blog.163.com/blog/static/7599825220109237135 2153

二、教师专业发展的内容

目前,关于教师专业发展的具体内容有着许多不同的说法,从中小学教师的工作职责与发展成长的具体实际来看,一般认为主要包含以下内容。

（一）遵守职业道德

职业道德是教师从事教育教学活动时的基本道德规范，是教师对职业行为的自觉追求，也是教师专业发展的道德基础。如果不能认真遵守职业道德，那么教师的专业发展就是无源之水、无本之木。教师职业道德以敬业精神为基础，以协调师生关系为主要内容，乐于奉献、坚持公正是时代对教师职业的基本伦理道德要求。教师职业具有突出的示范性、公共性和教育性，相对于其他大多数职业具有更高、更严的职业道德要求。2008 年教育部对《中小学教师职业道德规范》进行了修订，要求教师必须做到六个方面：爱国守法、爱岗敬业、关爱学生、教书育人、为人师表、终身学习。

（二）拓展专业知识

教师的专业知识是教师职业区别于其他职业的理论体系和经验系统。美国卡内基教学促进会主席舒尔曼认为，教师必备的专业知识至少应该包括如下方面：学科内容知识；一般教学法知识；课程知识；学科教学法知识；学生及其特点的相关知识；教育脉络知识；教育目的目标、价值、哲学及历史渊源知识。学科教学知识是前述七类知识的核心，是教师面对特定问题进行有效呈现和解释的知识，即教师在具体教学情境中，把学科知识、学生知识、课程知识、评价知识、一般教学法知识等"活化"之后，经由自身价值观做出判断、选择、重组而形成的动态知识，是教师主动建构、积极创造的结果。学科教学知识形成的过程，就是教师的生命运动过程，就是教师个性发展的过程。可以说，教师在创造了新的学科教学知识时，也创造了崭新的自己。学科教学知识是学科教学专家必备的重要知识，是教师理解自己专业的特殊形式，它将学科专家和一般教师区别开来。

（三）提升专业能力

专业能力是教师在教育教学活动过程中运用一定的专业知识和经验顺利完成某种教育教学任务的活动方式和本领。教师的专业能力是教师综合素质的最突出的外在表现,也是评价教师专业性的核心因素。教师的专业能力主要包括:教学设计的能力;教学语言能力;教育教学交往能力;组织和调控课堂的能力;教育研究能力;创新能力。

（四）建构专业人格

教师的专业人格是教师专业发展的心理基础。乌申斯基再三强调:在教学工作中,一切以教师的人格为根据,因为教育力量只能从人格的活的源泉中产生出来,任何规章制度、任何人为的机关,无论设想得如何巧妙,都不能代替教育事业中教师人格的形象。苏霍姆林斯基说:"教育是人与人心灵上最微妙的相互接触。"理想教师的人格包括:善于理解学生、和蔼可亲、真诚质朴、公平正直、富有耐心、善解人意、兴趣广泛、开朗乐观、意志力强、诙谐幽默、宽容大度等。专业人格的建构,是教师在教育教学过程中随着对教育的本质与价值、对学生生命与特征、对自我生命与生活的深切感悟理解的基础上而逐步形成的,是教师在长期的教育实践中对职业道德和教育理想自觉追求的结果与内化,是教师专业发展心智成熟的表现。

美国著名教育家保罗韦地博士花了 40 年时间,收集了 9 万名学生所写的信,概括出作为一个好教师的人格魅力的 12 个方面:

1. 友善的态度。"她的课堂犹如一个大家庭,我再也不怕上学了"。

2. 尊重课堂内每一个学生。"她不会把你在他人面前像猴子般戏弄"。

3. 耐性。"她绝不会放弃,直到你能做到为止"。

4. 兴趣广泛。"她带给我们课堂以外的观点,并帮助我们把学到的知识用于生活中"。

5. 良好的仪表。"她的语调与笑容使我很舒畅"。

6. 公正。"她会给予你应得到的,没有丝毫偏差"。

7. 幽默感。"每天她会带回来少许欢乐,使课堂不会单调"。

8. 良好的品性。"我相信她与其他人一样会发脾气,不过我从未见过"。

9. 对个人的关注。"她会帮助我去认识自己,我的进步有赖她"。

10. 坦率。"当她发觉自己有错,她会说出来,并会尝试其他方法"。

11. 宽容。"她装作不知道我的愚蠢,将来也是这样"。

12. 教学策划艺术。"忽然间,我能顺利念完我的课本,我竟然没有察觉是因为她的指导"。

王旭东:"师爱说"——21 世纪教师素质谈之一

http://www.being.org.cn/unique/tlove.html

(五)发展专业自我

教师专业自我,就是教师在职业生活中创造并体现符合自己志趣、能力与个性的独特的教育教学生活方式,以及个体自身在职业生活中形成的知识、观念、价值体系与教学风格的总和。库姆斯在 20 世纪 60 年代出版的《教师的专业教育》中提出,一名好教师首先是一个人,是一个有独特人格的人,是一个知道运用"自我"作为有效工具进行教学的人。凯尔科特曼则进一步用"专业自我"概念来说明教师的专业素质。他把"专业自我"的内容概括为六个方面:自我意向、自我尊重、工作动机、工作满意感、任务知觉、未来前景。教师专业自我的形成过程,是在教师与外界环境的相互作用过程中教育教学素养不断提高的过程,是教师职业生活个性化的过程,也是良好教师形象形成的过程。

三、教师专业发展的目标历程：从新手到熟手，再到专家

教师的专业发展是一个经验积累及内化的过程，具有一定的连续性和阶段性，每一阶段又有不同的目标。在此，我们介绍新手型教师、熟手型教师和专家型教师的特征。以熟手型的特征为目标来培养新手，以专家型的特征为目标来培养熟手，使处在不同阶段的教师在目标的作用下获得更快的进步。

（一）职业发展的起点——新手型教师

新手型教师，一般指的是参加教学工作 5 年以内的新教师。他们在这一阶段的主要目标是尽快地适应教学环境，与学生建立起师生关系，与周围的教师建立起同事关系，同时要能对复杂的教学问题逐渐应付自如。总的来说，就是教师要培养起自己的"胜任能力"。

新手型教师在教学专长等方面存在不足。比如，新手型教师在拿到教材之后首先想到的可能是请教同事或寻找教案资料，他们是教材的忠实执行者。又如，新手型教师常常忘记自己是谁，这并不是说他们骄傲自满，目中无人，而是指教师在其究竟是学生学习的组织者、引导者，还是合作者的多重角色中摇摆不定，甚至迷失自己。有时候可能对学生出现的情况以及教师应当做些什么，缺乏明晰的判断与果敢的应对。虽然新手型教师有很多不足之处，但他们更为年轻有活力，与学生易于沟通，所以他们更有自身独特的特点与魅力。

鉴于以上这些特点，新手型教师的未来一般有三种发展可能。一是新手型教师度过了刚入职时的艰难求生期，能融进新环境，掌握了一定的专业知识技能，也实现了从学生到教师的角色转换，积极投身于教学中，在教育教学中体验到了为师之乐，在教师专业发展这条路上很快成长起来。二是新手型教师在这个阶段虽然获得了求生的技能，却陷入了教师专业发展的高原期，缺乏进取心，专业发展热情下降，能力无法得到

提升,不关心学生的发展需求,处于停滞的发展状态。三是新手型教师不适应新环境,没有完成从学生到教师的角色转换,由此而对教师职业失望,感到力不从心,忽视学生的需求,成就感降低,甚至产生教师职业倦怠。[①]

从以上三种新手型教师的发展可能来看,后两种当是教师要极力避免的,而第一种发展可能则是新手型教师的理想发展状态。

(二)职业发展的关键点——熟手型教师

教师从教后的第五年左右是从新手型教师转变为熟手型教师的重要时期。熟手型教师是指已经能够按常规熟练地处理教学问题,但教学创新水平不高的教师。相对于新手型教师来说,熟手型教师更像是一艘调整好航向的帆船,终于可以劈波斩浪地行驶了。

熟手型教师处在教师专业发展的中间阶段,他们比新手型教师更加熟悉专业领域,但又比不上专家型教师的炉火纯青,可谓是"比上不足、比下有余"。熟手型教师有三种发展的可能性。一是熟手型教师在这一阶段内,逐渐积累必要的专业知识和经验,顺利地成长为专家型教师。熟手是新手成长为专家的关键期,也是成长最艰难的时期,其核心问题在于教学专长能否在熟练的水平上得到新的提高。而教学程序的熟练,常规水平的具备,则为其奠定了基础。二是一部分熟手型教师解决了以前的无力胜任教学的问题,家庭、事业、经济等也都稳定了,但生活也随之变得平淡无奇了。不求上进,对教学过程也无所谓创新,与学生缺乏交流,最终无法成功超越自己,整个职业生涯处在熟手型教师这一阶段。三是一部分熟手型教师会对自己的未来感到迷茫,对本职工作缺乏信心,陷入职业倦怠。他们最后要么离开教师岗位,要么勉强留在学校内部,无力进行创新活动。

熟手是昨天的新手,但不一定是明天的专家。实际上,许多教师的专业发展往往

---

① 连榕编著:《教师职业生涯发展》,中国轻工业出版社2008年版,第138页。

停滞在这一阶段直至职业生涯的结束。对于处在职业生涯中的教师而言,从熟手型教师发展为专家型教师才是正确的目标。

(三)职业发展的目标——专家型教师

美国著名心理学家斯滕伯格认为专家型教师是指在教育教学的某一方面(主要是学科教学或学术研究领域)有专长的教师,①他们在这一专长上达到了卓越的水准。专家型教师具有优良的知识结构;能够高效率解决教学领域的问题;善于创造性地解决问题,有很强的洞察力;拥有完善的教学监控能力以及较强的个人教学效能感。

与新手型教师相比,专家型教师在问题解决方面掌握更多的方法,效率也更高,这种差异看起来很明显。有一个经典的心理学实验考察了专家和新手对国际象棋棋局的记忆是否有差别,结果发现对于有意义的棋局,两者存在非常显著的差异,而当棋局中棋子随意组合时,两者记忆成绩没有什么差异。这就说明了专家在生理方面的记忆或思维技能上并不优于新手,但是专家却比新手拥有更多的从经验所得来的知识。

专家型教师遇到问题时不急于解决,先要思考问题,提出解决问题可能的方案,并对其进行评价。也就是说,专家型教师更关注问题本身。而新手型教师急于解决问题,频繁地尝试使用各种方法解决存在的问题,更多地关注的是解决问题的方法。专家型教师在解决问题过程中也极富洞察力,能辨认出有价值的信息,并且有效地将其整合,善于借助观察和类比找到新颖可行的解决问题的方法,能够有效地对问题做出重新界定。

专家型教师可以成为"创新"的专家型教师(从教 10 到 15 年后),这类教师的特点是拥有丰富和组织化的专业知识、解决教学问题的高效率、对教学问题的强洞察力。也可以成为"领军"的专家型教师(从教 15 到 20 年后),这部分教师对所在学校、所在地区的教学改革和发展有较大的影响力,成为某一学科或某个地区教学的"领军"

---

① http://www.dearedu.com/news/2006-10-13/n13002.html

人物。

　　总之，教师的专业发展并非一帆风顺，而是带有阶段性特征，每一阶段都有不同的目标。研究教师专业发展的阶段特征及其目标，对教师的专业发展具有重要意义，既有助于教师根据发展阶段特点去制定符合自身发展实际的短期和长期目标，同时也有利于学校和教师培训机构针对教师专业发展的特点提供促进专业发展的辅助性条件。

第三节

知己知彼 无往不胜
——教师职业生涯规划的过程

实现教师的专业化可持续发展,职业生涯规划是一种有效的手段。而对每个人而言,职业生涯是有限的,如果不进行有效的规划,势必会造成生命和时间的浪费。作为一名教师,若是带着一脸茫然,踏入这个拥挤的社会怎能满足社会的需要,使自己占有一席之地? 因此,要试着为自己拟定一份职业生涯规划,好好设计自己的未来。

教师职业生涯规划是教师个人根据自己的特点,对所处的学校环境和社会环境进行分析,制定自己一生中对事业发展的战略构想与计划安排。教师职业生涯规划的过程,涉及一系列的步骤,可以参照下面的教师职业生涯规划书。

表3-1 教师职业生涯规划书①

姓名		性别		年龄		职称	
学历		学科		岗位			

① http://blog.sina.com.cn/s/blog_4c104d380100vnlu.html

一、我眼中的自己:充分认识自己的发展状况,概括一下自身的优势、劣势
二、别人眼中的我:充分了解他人对自己的评价,认清自己在团队中的位置
三、职业发展目标与行动策略
1. 我的三年目标(可从教育、教学、教科研、自我成长、在学校中的位置等方面谈)
2. 我的学年目标(可从教育、教学、教科研、自我成长、在学校中的位置等方面谈)
3. 具体措施(打算通过什么途径,什么培训达成目标,应具有可操作性)

从表中可以看出,教师要设计出自己的职业生涯规划书,首先要对自己作出全面的评价,然后设定合适的职业发展目标,接下来就是要付诸行动了。下面具体介绍教师职业生涯规划的过程。

一、自我评价

自我评价就是对自己进行全面分析,正确认识、了解自己,准确地为自己定位。通过对自己性格、兴趣、能力技能等多方面的深刻剖析,准确评价自身的特点和优劣,并依此确定与自身特点相匹配的发展方向。教师对自我有了全面的分析,才能对自己的选择做出正确的判断,对自己的职业生涯目标做出最佳抉择。教师职业生涯规划是一个过程,自我评价是这个过程中必不可少的一步,教师不能忽略这一步。如果自我评价不全面,那么整个职业生涯规划将会成为无本之木。

自我评价是一个了解自己的过程,是教师职业生涯规划的首要步骤,可以通过自我反思来进行。美国教育家杜威认为,反思是"根据情境和推论对自己的信息或知识结构进行积极的、持久的、周密的思考"，是一个能动的加工过程，是对个体观念行为的再加工过程。① 所以，教师只有善于从以往经历中总结经验教训，不断地反思才能取得进步。所以自我反思是教师职业生涯规划的基础，是自我成长的基础，也是教师提高自身素质，获得专业发展的重要途径。

自我反思主要包括以下几个方面②：对自身素质特点的反思，对自身素质进行反思就是要认清自己的长处和短处，在职业生涯规划中扬长避短与扬长补短。对教学过程的反思，比如，教师可以在教学评价的反馈中进行反思，因为很多人都是"不识庐山真面目，只缘身在此山中"。教师对自己成长历程的反思，有利于增强自己的职业生涯意识和成长意识，有利于了解自己取得的成绩和存在的不足。反思的内容包括：我的成长历程已经经过了几个阶段？ 在这几个阶段中我做过什么？ 我获得了哪些经验与教训？ 接下来我要克服的障碍有哪些？ 预测与规划自己未来成长的可能性是什么样的？ 我最终的愿望是什么？ 怎样才能达成这样的目标？

二、确立职业生涯目标

职业生涯目标的确立，是职业生涯规划的核心。目标反映了一个人的理想、胸怀、情趣、价值观，它决定教师的职业生涯规划的方向。缺乏目标引领的教师是没有追求的教师，也是蛮干的教师。

目标的确立以自己的最佳才能、最优性格、最大兴趣、最有利的环境等信息为依据。从阶段上看，目标大体上可以分成近期目标、中期目标和长远目标。确定的目标应是整体的而不是支离破碎的，长远的而不是临时的。

首先，教师要确立长远目标。高级教师、模范教师或者特级教师是每一位教师孜孜以求的目标，但这只是外在的东西。教师的长远目标应当是教育水准的不断提升，

---

① http://www.rr365.com/Article/lunwen/200608/7380.html
② 连榕编著：《教师职业生涯发展》，中国轻工业出版社 2008 年版，第 107—108 页。

教育思想的渐进深刻,教育影响的持续拓宽。每一所学校,好教师不少,各有特色,既有以教学见长的教学型教师,又有以教育科研见长的教研型教师,同时也有以学校经营见长的领导型教师。教师应根据自身的知识结构、职业素养及思维方式选择发展路径。

其次,规划的三个层次的目标详略是不同的。长远目标注重长远,只要目标明确,有个大体构想即可;中期目标要求阶段性目标清晰,工作重点明确;近期目标则要目标具体、行动明朗、弹性适度。

三、自我与环境的评估

自我评估主要是指内环境对自己职业生涯规划的影响,环境评估则主要是指外环境对职业生涯规划的影响。所以组织环境、晋升发展机会、政治环境、社会环境、经济环境以及环境与自己的关系、自己在环境中的地位、自己所处环境中的利弊等都是教师职业生涯规划中自我与环境评估的内容。[①] 每个人都处在一定环境之中,特别是特定的组织环境中。离开环境人们是无法生存的,所以要及时准确地对自己所处的环境作出评估,以便更好地利用环境为个人提供活动的空间、发展的条件、成功的机遇等,这样才有利于自身发展。

我的教师生涯

一、职业兴趣:我的职业兴趣是当一名教师。

个人特质:我的个性比较温和,有耐心,有极强的责任心。我选择教师这个职业,从一定意义上讲,也是希望可以锻炼自己与他人,尤其是与不同的学生交流的能力。

二、职业价值观:无论从事什么职业,最重要的一点是喜欢并可以胜任这份工作。

---

① 张再生著:《职业生涯规划》,天津大学出版社 2007 年版,第 64 页。

我认为教师是一个比较适合我的工作，工作环境相对单纯。同时，可能是当了太多年学生的原因，我比较喜欢学校浓厚的学习氛围。我认为处在一群求学的学生当中，可以保持进取的心态，积极向上的精神面貌，有时间、有能力、也有优势进一步丰富自己，充实自己。

三、胜任能力：

1. 优势：基础扎实，专业知识丰富；责任心强，有耐心；人缘好，与周围人相处融洽。

2. 劣势：不擅长与陌生人沟通；缺乏实际工作经验，社会经验。

四、职业分析：

1. 行业分析：教育事业在国家发展中起至关重要的作用，其发展状态是积极向上的，可以说是属于永远的"朝阳产业"。我选择教育事业作为自己的终身职业，也是考虑到了它的社会地位和发展前景。

2. 职业分析：教师这个职业工作环境单纯，对教师本身的专业技能要求较高，社会地位和待遇都相对较好。

李莹：细分目标，步步为营

http://blog.sina.com.cn/s/blog_56c922450100dk91.html

四、职业生涯路线选择

教师职业生涯路线的选择是指教师从什么方向来实现自己的职业目标，确定自己的职业发展方向是向教育教学方向发展，还是向教育行政管理方向发展。教育教学方向包括教学方法的改良、教学手段的革新、教材的编制、教学研究、师生关系的融洽、课程发展、学习效果的提升等方面；教育行政方向是指兼任行政主管、班主任、年级组长、教导主任、校长、党支部书记等方面。由于发展路线不同，对职业发展的要求也不相同。因此，教师在职业生涯规划中，需要做出相应的抉择，以便使自己的学习、工作以及各种行动措施沿着自己的职业生涯路线或预定的方向前进。

作为教师，要明确四个问题：一是想往哪一条路线发展，主要是参考自己的理想、价值观念等主观因素；二是适合往哪一条路线发展，主要是考虑自己的经验、学历、家庭等主客观因素；三是可以往哪一条路线发展，主要考虑经济发展、社会环境、组织环境等；四是哪条路线可以取得发展，在对前几个问题做出选择后，还要综合考虑其他各方面的因素，以确定自己的决策是否能一直发展下去。[①] 不同的发展路线对教师的素质要求不同，其今后的发展阶梯也不同。一名教师如果不具备从政能力，却被错误地提拔为领导，这样他就会被错误地规划，反而殃及他人、事业，甚至是自己。路线选择错误，生涯规划就会失败，人放错地方了，就会成为废品。

错误的传统职业生涯路线

目前社会上流行的两种"职业生涯路线"，笔者认为都是错误的，因为很多非正确的跳槽现象及多数人职业生涯的失败，都和这两种观念的误导有关：向金字塔顶攀（职位、资历）；向独木桥前进（与某一专业、经验或背景最直接联系的单一方向）。

错误的原因：

a. 金字塔尖只有一块金子——如果公司告诉你，为每一位员工提供广阔的发展空间，那只是一个和"老天是公平的"一样的政治谎言；如果你认为这句话的意思是"可以升职"，那你就是具有片面的理解和错误的思想——你应该清醒地知道，一批员工只有一两个人最终获得这个空间。正确的意思是，空间可能是你能力、潜力的空间，不是职位空间。而对于职位而言，公司提供的只能是机会（且绝大多数公司的机会不是表面标榜的对每个人平等的），而不是空间。

b. 条条道路通罗马——现代社会的一切都是以变应变。现代人力资源管理的特点已经从"追求终生的就业"变成"追求终生的就业能力"。独木桥如果不符合自己的

---

① 葛玉辉主编：《职业生涯规划管理实务》，清华大学出版社 2011 年版，第 105 页。

"三分天",就成了"奈何桥"!

http://edu.sina.com.cn/l/2005-03-14/ba105170.shtml

五、职业定位

职业定位是自我定位和社会定位的统一,只有在了解自己和职业的基础上才能够给自己做准确定位。每个人群都需要定位,其目的是保证自己持续地发展。但是各个群体定位的重点不同,定位重点在于澄清自己有什么。不能过高或者过低估量自己,过于看重自己的文凭,或者看重自己的成绩,也不能过于低估自己身上的潜质。所以,既需要认真地分析自己,又需要多了解社会需求,以求定位准确。

职业选择正确与否,直接关系到人生事业的成功与失败。据统计,在选错职业的人当中,有80％的人在事业上是失败者。正如人们所说的"女怕嫁错郎,男怕选错行"。由此可见,职业选择对人生事业发展是何等重要。如何才能选择正确的职业呢?首先需要认识自我,确切地了解自己的特质和对工作的期望,然后才能在选择职业时有所依据。增进自我了解的方法有很多,哪种方法最为有效则视个人而定。

六、实施策略

生涯的实施策略是指为实现职业发展目标所制定和实施的各种措施和行为。千里之行,始于足下,不积跬步,无以至千里。教师在确定了职业生涯目标后,关键在于将目标付诸行动了。这里行动是指落实目标的具体措施,比如:为达到工作目标,教师计划采取哪些措施提高效率;在业务素质、人际关系、潜能开发、业务知识技能等方面采取什么措施来实现目标。这些生涯规划策略要具体、明确,具有可操作性。

职业生涯目标的实施不是盲目的行为,不能只顾"埋头拉车,不抬头看路"。应注重思与行的结合。在通往职业生涯目标的征途中,更要正确对待可能出现的挫折,任何人的工作不可能一帆风顺,目标的规划是个人主观上对客观分析判断的结果,不一定会事事如愿,在实现目标的过程中遇到挫折是正常之事,需要教师冷静对待。

起飞梦想

当职业生涯规划目标完成后,接下来就是如何来实现这一梦想了。下面提出了几项措施可以帮你实施职业生涯规划。

1. 保证经常回顾你的构想和行动计划,必要时作出变动。不但要有计划性,而且要将计划放在心上,不能一有事就把目标给忘记了,结果时间花掉了,距目标却千万里,贻误发展机会。

2. 如果你的理想蓝图已经发生变化,那么构想和行动计划也要相应地变动,目标和策略也要随之改变。"计划赶不上变化",计划往往需要和现实结合起来,动态地管理。否则缺乏灵活性,也会使计划落空。

3. 把你的构想和行动计划存入电脑或贴在床头等能经常看到的地方。为了避免自己忘记重要的工作及时间表,最好将这些内容放在自己经常能看见的地方,如写在日历上,时刻提醒自己,也可以使用日程表,把要做的事情做一个有序的安排,使目标明确。

4. 当你做出一个对生活和工作极其重要的决定时,请考虑一下你的构想和行动计划,并确保你正在仔细考虑的决策与你的职业生涯目标相符。在有些情况下,你可能面临一些重要的诱因,它能使你获得短期的收益,但从长远来看可能会导致损失。当遇到短期利益与长远目标发生冲突时,你就需要冷静思考,权衡利弊及对策,做出符合职业生涯发展的决策。

5. 与好朋友讨论你的构想和行动方案,并询问实现构想的途径。向好朋友公开自己的计划,往往能督促自己的行动。如果计划只是自己知道,别人不知道,往往在遇到困难时容易退步,而且心理上没有压力。聪明的人往往会将自己的设想告诉家人和朋友,征求他们的意见和建议,然后再采取行动。这样既可以运用大家的智慧来帮助自己规划出最好的策略和方法,又可以有大家的监督,有利于自己及时完成规划。

刘冰、张欣平编著:《职业生涯管理》,山东人民出版社 2004 年版

七、评估与反馈

评估与反馈是指在实现职业生涯目标的过程中,根据实践的效果不断评估,总结经验教训,修正自我认知,调整职业生涯策略,以便更好地实现生涯规划目标。俗话说:"计划赶不上变化。"影响职业生涯规划的因素很多,其中有的是可以预测的,有的是难以预测的,所以要使自己的职业生涯规划行之有效,就需要不断审视内外环境,并对职业生涯规划进行评估、修正、反馈,以适应环境的改变,同时也为下一个职业生涯目标提供参考依据。如果感到生活节奏很慢,效率较低,原定的职业生涯目标没有实现,那首先就要考虑自己的动机水平是否足够,其次考虑职业目标是否太难。如果不是职业目标过难,就应该加大努力,使自己不要脱离职业规划的轨道,一旦长期偏离,个人就会放弃原来的计划,使职业规划成为空谈。

教师的职业生涯规划在经过评估和反馈这一步之后,应该达到这样的目的:

知道自己的强项是什么;

知道自己还有待改进的地方是什么;

找到关键的有待改进之处,并为此制订详细的行动计划;

感谢那些给予自己反馈的人;

实施行动计划,取得进步。

程振响主编:《教师职业生涯规划与发展设计》,南京师范大学出版社 2006 年版

　　教师职业生涯规划的步骤中正确的自我评价是基础,也是最为重要的一个环节,这一环节出错就会影响以下环节的正确进行。当然每一步骤对教师职业生涯规划都是重要的,教师应当把握好每一环节的制定,做出合理的职业规划来。

教师如何进行自己的职业生涯规划？一般来讲，在职业生涯规划的过程中要考虑以下几个问题：我是谁？我想干什么？我能干什么？我可以干什么？我最终的职业目标是什么？也就是首先对自己的优点、缺点有一个全面客观的认识，对自己的兴趣、能力、特长有一个准确的评价，从而确定自己是否适合从事教师这一职业，这是职业生涯规划的基础和关键；对于许多在校大学生来说，认识了自己，并确定将教师这一职业作为自己的职业目标之后，还要去求职，寻找适合自己的职业环境，了解环境中有什么样的资源和途径可以帮助自己实现计划；为将自己的规划落到实处，还需要撰写个人职业生涯规划书。本编第四章将对以上教师职业生涯规划中的一些具体方法进行介绍。另外，在职业生涯规划中还要充分考虑个人职业生涯不同阶段的特点，从一个新手教师成长为一个专家教师，在不同阶段面临着不同任务，会遇到不同的心理困惑，第五章将会对此提供一些建议和指导。

第二编

教师职业生涯规划的技术

第四章

我的职业我做主
——教师职业生涯规划的方法

职业生涯的规划是从了解自我和职业开始的。既要"知己",还要"知彼",这样方能"百战不殆,屡战屡胜"。关于"我是谁"这个问题的思考一直贯穿人类历史,在古希腊的德尔斐神庙中,赫然写着这样的箴言:"人:认识你自己";我国思想家老子也说"知人者智,自知者明"。

第一节

找到那面镜子
——客观认识自己

一个有效的职业生涯设计，必须是在充分而且正确地认识自身条件基础上进行的。对自我的了解越透彻，就越能做好职业生涯设计。很多人认为选择最热门的职业就意味着最成功的职业规划。专家提醒，选择职业最重要的是能正确地分析自己，找到自己最适合做的职业，这是职业规划的第一步。职业生涯规划并不一定要选择最热门的职业。

一、自我评估的内容

自我评估是指借助专业的工具、利用科学的方法，对自己的性格、兴趣、特长等个人特征进行探索，实现对自我的认识和了解。在职业生涯规划中，影响职业选择和发展的因素可以概括为动力、能力和风格三个方面：动力决定了"想不想干"，能力决定了"能不能干"，而风格决定了"适合不适合干"。具体来讲，自我评估的内容包括：兴趣、能力、人格、职业价值观等。

（一）兴趣

每个人都知道"兴趣是最好的老师"。兴趣可以增加职业的适应力。从事感兴趣的职业能帮助个人更好地发挥出全部才能。发明大王爱迪生一生有一千多项发明，直至生命最后一刻还在思考着最新的发明。如果不是兴趣推动，怎么有如此巨大的动力？怎能取得如此巨大的成就？当一个人对某种职业产生兴趣时，他就能提高积极性，全身心投入到工作中；牛顿错把怀表当成鸡蛋放锅里煮；米开朗琪罗雕塑大卫时完全忘记了周围的朋友；鲁迅把别人"喝咖啡的时间都用到了工作上"。推动他们积极投入工作的一个重要原因就是职业兴趣。职业兴趣会帮助人们积极地感知和关注与工作有关的一切，并且积极思考、大胆探索；在面对困难时，也绝不退缩、努力进取、排除万难，直到成功。

兴趣对职业选择的作用体现在：首先兴趣作为一种稳定的心理品质，它确保个体对职业的满意感和幸福感，做自己感兴趣的工作对所有人来说都是一件其乐无穷的事情。比尔·盖茨说每天起床时想到自己做正在改变世界的工作，就兴奋得充满力量。对他来说，软件就是他最大的兴趣，他也从软件工作中得到了巨大的满足感和兴奋感。其次兴趣是一种内在的动力源，它激发个人去追求事业的成功。对职业的兴趣促使个体全身心地投入到工作中去，即使面临一些挫折和困境，也将会有更强的耐挫力和处理问题的决心和勇气，个人的潜力在这个过程中不知不觉地被激发出来。正如美国著名作家爱默生所说："有史以来，没有任何一项伟大的事业不是因为热忱而成功。"

著名的计算机专家李开复的例子很能说明兴趣对个人的重要作用。他在大学二年级时，对自己所选法律专业缺乏兴趣。同时深深爱上了当时刚刚兴起的计算机专业，并为此毅然放弃了当时在全美排名第三的哥伦比亚大学法律系，在计算机前途看起来并不很明朗的情况下，投入了当时名不见经传的计算机系。

兴趣迅速激发出李开复最大的学习热情，在他的成绩单中能鲜明地感受到其分水岭一般的变化。在"政治科学"专业,他的成绩单上不是 B 就是 C。当到了"计算机"专业,此后三年的 GPA 有 2 个 A－,14 个 A,10 个 A＋,甚至在被公认为是计算机专业里最难通过的一门课"可计算性和形式语言"中得到了 A＋的分数,创造了该系的一个纪录,并随后进入全美计算机专业最好的卡内基梅隆大学,在语音识别领域做出了突破性的成就。

正是兴趣促使李开复做出了转专业的决定,并让他在计算机科学上取得了重大的成就,成为世界级的计算机专家,也使其职业生涯焕发出璀璨的光芒。

(二) 能力

对于教师来说,应该具备的教学能力主要包括以下四个方面,即:教学认知能力、教授能力、课堂管理能力和诊断能力。

教学认知能力与教师的知识水平特别是知识结构有关。主要指教师对教学目标、教学任务、学生特点以及教学情境的分析判断能力。教授能力是指教师为了达到教学目标,解决教学问题的能力,它体现在教学策略与教学方法的运用过程中,如何板书、如何讲演等。具体包括语言表达的流畅性、条理性、准确性、连贯性,语言的感染力,教学媒体的运用等。但教授能力的发挥还需要依赖于课堂管理能力。课堂管理能力是指教师对课堂教学各要素进行调控,使教学得以顺利进行的能力。它不仅包括维持教学与学习任务的顺利进行的能力,而且包括预防或消除课堂不良行为,创造良好的课堂氛围的能力。有效的课堂管理能力涉及各类强化与惩罚手段、团队互动技巧、个体行为激励、群体规范制定与实施等。教学诊断能力指了解学生的认知规律,认知特点,个性及同伴、教师、家庭互动效应,迅速了解学生的学习信息,判断其是否达到了预期目标,据此调整预定的教学活动或步骤。在此过程中需要收集的信息则包括学习需求和学习目标、学生现有能力与学业水平,强项与不足等。[1] 这些能力是制约教师从新

---

① 连榕编著:《教师职业生涯发展》,中国轻工业出版社 2008 年版,第 131 页。

手型教师发展为熟手型,进而进化为专家型的关键,教师应该在职业发展中重视这四项能力的发展。

除了通常意义上所谈到的能力之外,近些年情绪智力的重要性也越来越被提及,比如在全世界教育界都普遍存在的"第十名现象",一个班级中最成功的往往是第十名前后的学生,而不是成绩最优秀的学生。研究者发现第十名的学生情商更高,他们的交往能力、表达沟通能力、情绪控制能力要高于同龄人。情绪智力最初由两位美国心理学家在 20 世纪 90 年代提出,是指觉察自己与他人的感受,进行自我激励、有效地管理自己与他人关系的能力。情绪智力包括五个维度,分别是:自我觉察,即了解自己,能意识到自己当前的真实感受;自我约束,即控制并摆脱负向情绪,回到解决问题的理性轨道;自我激励,即追求理想中的目标,肯定自己的长处;同感,即敏锐觉察并理解他人的感受和需要;社交技能,即能在不同的社交场合与他人实现良好的互动,并引导他人的情绪和行为。

教师情绪智力会影响教学效果。首先表现在对知识传递效果的影响,老师能否唤起学生的兴趣、激发学习动机、调动学生学习积极性很大程度上取决于教师的情绪智力水平。一个老师不能激发学生的斗志就像一个将军不能激发士兵的士气,最终必然不会取得良好的效果。其次教师的情绪智力会影响到学生的知识掌握。一个在课堂上充满激情的老师必然能够激发出学生的情绪投入,产生良好的效果。再次,教师的情绪智力还影响情感教育的实施,教师可以通过观察判断学生的情绪和情感,创设优良的情景,采取合适的方法培养学生的积极情感。最后,教师的情绪智力会影响师生间的人际关系,表现为师生双方心理与行为上的良性互动,态度上的互相接纳,彼此肯定和喜欢。[①]

情绪智力对教师的教学活动和职业发展起到了重要的作用。那如何才能培养教师的情绪智力呢?

首先,教师要对自己在教育教学管理过程中产生的情绪体验和做出的情绪反应进行分析和反思,估量和评价其合理性,以更好地了解环境,特别是一些场景情绪,周围的群体凝聚力等。其次,提高情绪表达能力。在表达自我的时候,要注意运用肢体语言和表情的规则,善于运用模拟对话法、书信倾诉法等方式表达自己的情绪。研究发现,人们相互间交流,只有20%的信息是通过语言内容本身传递的,其他都是通过肢体动作、语气语调等方式被接受和感知。最后,要善于调节自己的情绪,保持乐观心态。[①]

(三)人格

人格是构成一个人的思想、情感及行为方式的特有模式,包含了一个人区别于他人的稳定而统一的心理品质,它主要包括气质和性格。不同的气质、性格特征适合的职业也不同。气质是表现在心理活动的强度、速度、灵活性与指向性等方面的一种稳定的心理特征,即平时所说的脾气。气质属于人的天性,受神经系统活动过程的特性所制约,无好坏之分。气质类型包括:胆汁质、多血质、粘液质和抑郁质。不同气质类型的行为表现有很大差异,其适合的职业类型也会有很大差别。如胆汁质的突出特征为兴奋、冲动,典型代表如张飞、李逵,适合需要激情、鼓动团队士气的工作,但如果从事图书管理或者文字校对等工作,显然不合适;多血质的特征是敏捷、好动,代表人物如王熙凤,处理公共关系、做记者比较理想,而保密、图书编目员则不合适;粘液质的典型特征是踏实、安静,代表人物如陈景润,较适合从事科学研究、工程设计等工作,而不太适合从事公共关系工作;抑郁质的典型特征是怯懦、寡言,代表人物如林黛玉,从事艺术创作、图书编目、程序员等工作比较合适,但从事管理、经营等职业则不太理想。

在性格方面,有内向型和外向型之分。内外向主要描述了个体的心理能量指向,外向型的人会把注意力和精力指向外部,表现为喜欢与人交往,喜欢互动,与人为伴会让他们感受到快乐。内向型则专注于自我的内心世界,喜欢独处并陶醉其中,常常先想后做。内外向的划分不是绝对的,绝大多数人都不是处于内向或外向的极端,而是在不同的情景下有内向和外向的不同表现。比如内向型的人在熟悉的朋友面前会表

---

① 付蝶:《回归幸福感之路:论教师情绪智力的挖掘和培养》,《健康研究》,2009年第6期,第463—468页。

现得健谈,而平时外向的人在陌生人面前可能会表现出害羞等。

(四) 职业价值观

职业价值观是指人生目标和人生态度在职业选择方面的具体表现,也就是一个人对职业的认识和态度以及他对职业目标的追求和向往。俗话说"人各有志",这个"志"表现在职业选择上就是职业价值观。每种职业都有各自的特性,不同的人对职业的意义,对职业的好坏有不同的评价和认识,这就是职业价值观。

职业价值观表明了一个人通过工作所要追求的理想是什么,是为了财富、地位和威望,还是为了挑战性、成就感、独立性,或安全感、同伴关系和生活方式。它说明人们在职业选择和职业生活中,在众多的价值取向里,优先考虑哪种价值。职业价值观决定着人们的职业目标、就业方向和具体职业岗位的选择。

个体择业实际是基于自己的价值观进行的选择。如果不怕承担风险,希望有高收入,希望支配他人,从事管理工作是比较理想的;如果看中独立思维,勤于钻研,从事科学研究比较理想;如果看重的是自由,对审美有很高的追求,不喜欢被约束,从事文学、艺术创作是比较理想的。

价值观是一种深层的东西,往往是个体不能明确意识到的,需要去深度发掘,"价值观大拍卖活动"可以帮助大家澄清自己的价值观。

价值观大拍卖

假设每人有1500个生命单位,代表你可以自由投注于职业世界的时间、金钱和精力。有15项人生追求的项目,每项的底价是100,每次加价的幅度必须是50或50的倍数。正式开始拍卖前,你有5分钟的时间来思考想要购买的拍卖物顺序以及愿意出的最高价格。每组推选一个拍卖主持人,由主持人负责各组的拍卖活动。以出价最先、最高者购得。

价值观项目表：

1. 有颗药丸可以解决你担心的问题

2. 有能力帮助贫困地区的孩子接受好的教育

3. 成为某一领域的全国知名行业专家

4. 有一年可以尽量做个人爱做的事

5. 有一帮志同道合的好朋友

6. 经常有机会尽情享乐

7. 有机会完全自主

8. 有一辈子花不完的钱

9. 有机会创业当老板

10. 被公司里的每个人所喜欢

11. 有很多的美女围着转

12. 永远快乐

13. 在世界上最美的地方有座别墅

14. 有个幸福的家庭

15. 有机会健康地活到 100 岁

讨论：你是否买到自己认为最重要的价值观项目？如果是，买到时的心情如何？如果不是，则因何故没有买到？没有买到的心情如何？你最想买的项目是什么？其背后隐含的价值观为何？为什么它对你而言那么重要？

二、自我评估的方法

前面讲了自我评估的内容，那么如何进行自我评估？下面介绍两种常用的自我评估的方法：SWOT 分析法和橱窗分析法。

1. SWOT 分析法

所谓 SWOT 分析法，是将与研究对象密切关联的内部优势因素（strength）、弱势因素(weakness)、外部机会因素(opportunity)、威胁因素(threat)通过调查分析得出，并按照一定的次序以矩阵形式罗列出来，然后运用系统分析的研究方法将各因素相互匹配起来进行分析研究，得出一系列相应的结论。其中，S、W 是内部因素，O、T 是外部因素。

其具体步骤如下：第一步是调查分析。调查分析的主要内容首先是外部环境分析，包括政治、经济、社会、人口、政治、竞争对手等，将这些因素分为机会因素和威胁因素。机会分析包括：①对社会大环境的认识和分析：当今社会和当代中国的社会、经济、政治发展是否有利于所选职业的发展。②对所选地域、行业、单位等"小环境"的分析：行业发展状况、前景，政策是否支持，单位在本行业的地位、现状和发展前景以及单位的"文化环境"。③对人际关系进行分析：哪些人对自己的职业发展能起到帮助，作用多大，会持续多久，如何与他们联系等。④其他一切有利于自救求职择业的外部因素分析。威胁因素参照机会因素的分析方法，只是评估的是不利的外界因素。

其次是个人优劣势分析，优势分析包括：①你曾经做过什么：如以前担任的职务，获奖经历等。要善于利用过去的经验，推断未来的工作方向和机会。②学习了什么：大学期间从专业学习中获取了怎样的知识和能力，在工作中参加了什么样的培训，得到了怎样的提高。③最成功的是什么：做过的事情中，最成功的是什么，如何取得成功的。④相比竞争对手你的优势在哪里。劣势分析包括：①性格弱点，存在哪些影响自己的性格弱点，如意志力不坚定等。②经验中欠缺哪些东西，如自己学习过法律，但是对财务方面不熟悉等。

第二步是根据上面的调查分析，列举出 SWOT 矩阵，要把那些对自己的发展有直接、重要、紧迫、久远影响的因素重点列举出来，间接、次要、不紧迫、短暂的因素排在后面。

第三步是确定对策，制订计划。基本指导思想是：发挥优势因素，克服劣势因素；利用机会因素，化解威胁因素；考虑过去，立足当前，着眼未来。将矩阵的各种因素相互匹配，得出一系列可供选择的对策。主要对策有：(1)SO 对策，着重考虑的是优势因素和机会因素，目的是使得两者的有利因素最大化。(2)ST 对策，着重考虑优势因素和威胁因素,使前者的有利影响最大化而后者的不利影响最小化。(3)WO对策,着重考虑弱势因素和机会因素,力求使前者的不利影响趋于最小化而使后者的有利影响最大化。(4)WT对策,着重考虑弱势因素和威胁因素,力求使两者的不利影响都趋于最小。上面的几个策略可以综合运用,根据不同情况有所侧重。①

表4-1是一个具体的SWOT分析案例,这是一个选择了将"职业规划师"作为未来职业发展方向的例子。在这个表中,将个人和职业进行了SWOT分析。

表4-1　SWOT 分析案例

	优势因素(S)	弱势因素(W)
内部环境因素	具备心理学专业功底,学习过人力资源管理的相关内容;曾担任过学生干部,组织过各种活动,参加过各种比赛;有较强的交际和沟通协调能力,做事认真踏实	缺少从事精细工作的耐心和细心;做事对原则的坚持和把握不够;时间管理和任务管理能力有待提高
	机会因素(O)	威胁因素(T)
外部环境因素	社会对职业规划师需求量很大,但是目前国际国内都很缺少这种人才;国内对职业规划越来越重视,从业越来越规范	职业门槛较高,需要相关的经验,持证上岗;人们对职业规划缺乏相关意识,不主动进行职业规划;国内培训机构比较混杂,缺乏统一的规范和标准

2. 橱窗分析法

认识自我,了解自我是非常不易之事,所以有"做事难、做人难、了解自己就更难"的说法。橱窗分析法是进行自我认知的一种常用方法,是一种借助直角坐标不同象限

---

① 姚裕群主编:《职业生涯管理》,东北财经大学出版社 2009 年版,第 125—126 页。

来表示人的不同部分的分析方法。横坐标为别人知道或不知道，纵坐标为自己知道或不知道，如图4-1所示。

橱窗1为"公开我"，这是自己知道、别人也知道的部分，属于个人展现在外和无所隐藏的部分。

橱窗2为"隐私我"，这是自己知道、别人不知道的部分，属于个人内在的隐私和秘密的部分。

橱窗3为"潜在我"，这是自己不知道、别人也不知道的部分，是有待进一步开发的部分。

橱窗4为"背脊我"，这是自己不知道、别人知道的部分，就像自己的背部一样，自己看不到，别人却看得很清楚。是自己应该向别人了解的部分。

在进行自我分析时，重点是了解橱窗3"潜在我"和橱窗4"背脊我"这两部分。

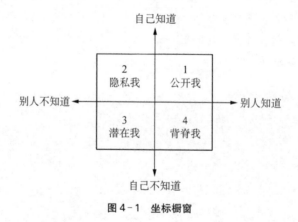

图4-1　坐标橱窗

第二节

<h1 style="text-align:center">选择意味着什么？</h1>
——择业与求职

世界上没有卑贱的职业，只有卑贱的人。

——林肯

职业生涯是有意义的相关工作经验的系列组合。如果在自己所有的工作中从事的都是零散的工作，很难说那是一份职业生涯。而所谓择业，不光是找到工作，更是要明确自己职业发展的方向，选择某个适合自己的、长远来看更容易获得成功的职业。

一、择业

那么如何选择适合自己的职业，在择业之前需要做哪些方面的准备？下面将介绍信息准备、知识准备、能力准备以及就业前的心理准备。

（一）信息准备

选择职业不是一厢情愿的事情，制约它的因素很多。因此在选择职业前,除了要了解自己以外,还要了解形势、了解政策、了解用人单位。求职之前,首先就是关注就业信息。就业信息是指求职者利用各种渠道获悉在一定的时空和条件限制下招聘单位的人才需求信息以及与此相关的情况,是经求职者理解、加工处理后用以作为择业参考的消息、知识、资料与情报。

1. 就业信息的搜集

(1) 就业信息的种类

就业信息主要包括就业形势信息、社会需求信息、用人单位信息三类。就业形势信息是指就业市场上求职人员和用人单位之间总体的供需状况,如现在社会对计算机、通讯、电子等专业的人员需求较多,对哲学、历史、考古学等专业的需求相对较少。社会需求信息是指各级、各类用人单位对毕业生需求的情况,主要包括用人单位对人员的学历层次、专业、性别、人数以及对所需人才的具体要求等等。用人单位信息是指具有用人单位内部特点的信息,主要包括用人单位的所有制性质、隶属关系、规模、发展前景、地理环境、经营范围和种类、经济状况、福利待遇(包括工资、福利、奖金、住房等)以及用人单位的联系方式等。

(2) 就业信息的搜集渠道

信息依赖于一定的载体进行传播,为我们所用。因此,我们需要掌握并且畅通信息渠道。目前,搜集就业信息的渠道主要有以下几种。

① 学校主管部门。就应届毕业生而言,学校就业指导机构是获取就业信息的主要渠道,教师也可以加以利用。学校就业指导机构会通过各类信息载体如校内就业网站、职业网络教育系统、就业指导刊物等及时发布国家、省、市有关就业政策与形势、就业法规信息、行业信息、用人信息、招聘活动信息、就业讲座等一系列最新动态。另外各系(专业)学生工作办公室,为了提高就业率,常常会利用各种社会关系资源,积极主动提供对口的就业信息给本系(专业)毕业生。

② 互联网。网络是汇集信息传播信息最快捷的方式。这些网站大致可以分为四类:一是专业的求职网站,比如智联招聘、南方人才网等。这类网站上的信息一般涵盖面很广,求职者可以使用职位搜索引擎或订阅免费招聘信息,制作个人简历向用人单

位投递。二是门户网站招聘专区,如搜狐、新浪的招聘频道。三是用人单位网页招聘通告。一般中小学谋职的求职者,可多浏览地方教育局、人事局或中小学自办的网络。四是教师类求职 QQ 群、MSN、泡泡等聊天软件和论坛。网络求职具有开放、快捷、全面、节约的优点。不足之处是网上夹杂着很多虚假信息和过时的垃圾信息,要求求职者有较好的分辨能力。

③ 人才招聘会。除了各高校组织的人才招聘会,更多的是外面大大小小、形式各异的招聘会。这些招聘会具有时间集中、地点相对固定、信息量大、双方面对面接触等特点,是求职者直接获取就业信息进而直接进入面试的绝佳机会。

④ 社会关系。利用各种社会关系获得就业信息是一个有效的渠道,求职者可以通过自己身边的家庭成员、亲友、师长、校友等社会关系,建立一个广泛的就业信息关系网络。

⑤ 社会实践和教育实习。对大学生来讲,到用人单位参加社会实践和教育实习活动,不仅可以开阔视野、学以致用,了解学校里的文化、工作情况和工作要求,更重要的是可以获取用人单位的用人需求信息,这种信息具有全面性、准确性的特点。

⑥ 大众传媒。报纸、广播、电视、杂志等大众传媒是搜集就业信息的传统渠道,一般都会定期或不定期发布招聘信息,可以通过这些媒介掌握大量信息。

无论哪一类就业信息或者通过什么渠道获得的就业信息,他们都具有以下特征:①时效性。就业信息的效用具有一定的期限,过了期限效用就会减少,甚至消失。②共享性。信息交流和获得是多方的。就业信息共享的人越多,反应者越多,竞争就越激烈。③传递性。就业信息通过各种媒介和途径广泛传播,在时间和空间上飞速传递。④两面性。就业信息的两面性是指信息既有真假之别,又有积极与消极之分。因此,求职者要具有对信息进行分析、判别和处理的能力,并依据自己的就业定位,选择合适的信息,果断出击,以提高自己求职择业的效率和准确度。①

---

① 熊苹著:《职业生涯规划》,中南大学出版社 2006 年版,第 168 页。

2. 就业信息的处理

在收集到信息后,要对纷繁复杂的信息进行分析处理,从中找到适合自己的有效信息。

① 去伪存真。在得到各方面条件比较满意的职业信息,但对这个单位的实际情况又一无所知的情况下,在采取行动前,应多做一些调查。譬如请亲朋好友多方打听,如果单位就在本地,也可实地去考察一番。

虚假或骗人的就业信息一般有以下特征:(1)公交车站、大马路、广场等一些公共场合胡乱粘贴的招聘小广告。其待遇往往极其丰厚,都是骗人的。(2)莫名而来的就业机会。一些骗子公司或传销公司打着别人公司的旗号主动约会面试,并施以行骗抢劫。求职者尤其是异地求职者务必加提防。(3)要求毕业生交一定费用作为工作保证金。其违反《劳动法》有关规定,已没有诚信可言。(4)不透露公司或单位的名字或者名字像化名,如使用"某公司"、"某单位"等字眼。(5)门槛很低,薪酬却开得很高。这类不符合常规的就业信息也往往存在问题。

② 重点把握。对所掌握的信息进行比较和选择,看看自己的性格、兴趣、特长与哪个单位更匹配,哪个单位更符合自己的职业生涯规划目标,从中选出重点。

③ 善于挖掘。许多信息的价值往往不是浮在表面上的,必须经过深入挖掘才能发现。比如,根据有些单位的现状,可能还难以判断、预测单位和自己今后的发展;有些单位虽然目前条件差一些,但从长远看是有前途的,能给人才较大的发展空间。

④ 及时反馈。在当今变化万千、节奏加快的时代,就业信息由于其传播速度快,共享程度高,得到的信息仅仅代表着一种可能的机会,而且充满着竞争,机会稍纵即逝,因此,在收到信息后,一定要尽快分析处理并向信息发布者反馈信息。

⑤ 信息共享。有些信息对自己不一定有用,可是对他人十分有用。遇到这种情况,千万不要抓住这些信息不放,主动输出对他人有用的信息,不仅对他人是个帮助,

同时也增加了与他人交流信息的机会。你可能会从他人手里获得自己很中意的信息，帮别人就等于帮自己。[①]

教师求职者应该重点把握和审查的信息(以中小学为例)

(1) 学校的规模和办学条件。包括学校的面积、自然环境、教职工和学生数、生源质量、教学设备设施、生活环境和条件等等。

(2) 人际关系。包括学校领导和普通职工的关系、全校教职员工之间的关系等等，尤其是科组、级组同事之间的关系。

(3) 学校的性质。虽然我国各类学校以公办为主，但是近几年公办民助、民办学校以及各种类型的私立学校发展迅猛。公办学校新进教师一般都有编制，但随着人事改革的进一步深化，一些公办学校也逐步采取对新进教师进行人事代理的方法。公办民助和私立学校可能没有编制，但往往他们待遇优厚、环境良好。这都需要师范生提前了解清楚，并慎重做出选择。

(4) 学校的待遇。待遇主要包括工资、奖金、住房或住房补贴、加班津贴、社会保险、医疗保险、公积金等方面的收入和补助等。

(5) 学校的管理培训制度。包括学校管理培训制度、晋升制度、培训进修机会等。一个好的学校这些制度应该都是很完善的。

(6) 学校的发展潜力。包括学校是否得到当地政府或投资商的有力支持、培养的学生出路是否通畅、学校的社会声望等。

(7) 学校对求职者的具体要求。如学历、专业、性别、身高、相貌、体能、户口，以及职业资格、技术等方面的要求。

(8) 招聘数量和报名方法。学校招聘哪些岗位的从业者，每个岗位招聘的数量，报名时间、地点、方式、应具备哪些证书(如身份证、户口本、学历证书、职业资格证书

① 王占仁、刘志主编：《职业生涯规划和就业指导十三讲》，高等教育出版社 2010 年版，第 154 页。

等)和材料(简历和有关证明等)。

刘淑玲:《师范生职业发展与就业指导》,高等教育出版社 2010 年版,第 142 页

（二）知识准备

用人单位在考核、挑选求职者时,不仅重视求职者的专业水平,而且还十分重视求职者基础知识面的广泛性、计算机水平和外语水平,甚至还有求职者的社会知识等。所以要想在激烈的人才竞争中获胜,就必须注重择业前的知识准备。尤其是对于教师来讲,"要给学生一杯水,老师就要有一桶水",所以知识是为人师的根本保证。

教育类职业对从业者的知识结构有其具体的要求。该类职业的范围包括大学教师、中学教师及各类职业教师、干部培训教师等。由教育这一特殊职业决定,各级各类的教师在文化素质上都要具备以下条件:掌握辩证唯物主义和历史唯物主义的基础理论和深厚扎实的专业知识,熟悉本专业最新研究成果及发展趋势,了解与本专业相近的新兴边缘学科或学科的情况,具有较高的文化素养达到真正的"博学"。此外还要掌握教育科学的有关知识(包括教育学、心理学、教育心理、教材教法等)。

当然,各级教师在知识方面的要求还具有特殊性。首先大学教师的学历要求最低是硕士,并且有较高的业务水平(科研、教学及本职工作)、较强的个人素质、组织协调等能力。显然,这要求求职者不仅要把握好专业知识,也要具有一定的科研知识和科研能力。其次,中小学教师实行的是国际上通用的教师资格证制度,对教师的选用不再拘泥于师范院校。那些有志于教师事业的人应该认真学习教育学和教育心理学的知识,普通话水平测定为二乙及以上(语言类学科,如英语、语文要求二甲及以上),并通过说课考试,具备了做教师的资格,就有可能进入教师队伍。最后,幼儿教师要负责幼儿园一个班级的幼儿生活及教育。由于要做到保教结合,因此要求其不仅需要具备教育学、心理学以及自然科学、历史学等各方面的基本知识,同时还必须学习婴幼儿护理知识和基本技能,这样才能在遇到问题时合理地解决。对每一个立志跨入教育行业的求职者来说,这些具体的标准就需要每个人在日常生活中注意知识的学习和积累,

为未来的求职及早做好准备。

（三）能力准备

知识与能力有一定的相关关系，但知识不等同于能力。虽然具有了相当的知识积累，但并不等于有了较强的实践能力。不同职业对从业者能力的要求不同，总的来讲主要包括：(1)学习能力。在 CCTV《对话》节目中，一位企业家这样评价学习能力，"成功属于过去，能力代表今天，而学习能力却能决定未来"。学习能力是一个人综合实力的基石，所以首先必须提高学习能力。(2)创新能力。创新能力是在多种能力发展的基础上，利用已知信息，创造新颖独特具有社会价值的新理论、新思想、新产品的能力。在当今社会，只有创新才能引领潮流，开创新的时代。微软抛弃硬件，从软件着手，开发视窗系统，雄霸软件业二十多年不倒；但是后起之秀 google，从被微软看不起的搜索引擎入手，迅速超越微软崛起为超一流的互联网公司；facebook 从社交网络切入，从哈佛宿舍起步，短短几年发展了近十亿的用户，受到全世界的追捧，成为互联网时代一个新的奇迹。(3)运用信息的能力。科学技术的飞速发展使整个社会进入信息化时代成为必然之势。只有掌握丰富的信息知识，并在信息观念支配下，在信息道德允许范围内自由发挥信息素质，才能成为未来社会的栋梁之才。有人戏称未来不懂电脑的人是新一代的文盲，即不会搜集和处理信息的人是不能适应社会发展的需要的。(4)沟通能力。沟通是一种信息交换的过程，是人们为了达到既定目标，用一定的符号，把信息、思想和情感在人与人之间进行传递的过程。课堂上的教学、与学生的沟通都是教师必不可少的基本素质。(5)人际交往能力。人际交往能力就是与他人相处的能力。能否正确、有效地处理职业生活中人与人的各种关系，不仅影响一个人对环境的适应情况，而且影响着他的工作效能、主观幸福感和事业的成败。(6)决策能力。决策能力就是对未来行为目标的决断和选择的能力。良好的决策能力可以实现对目标及其实现手段的最佳选择。人的一生往往会碰到各种需要自己当机立断、痛下决心来决断的事情。有良好的决策能力，能少走弯路、少犯错误，以较小的代价取得进步与成功。

(7)操作能力。它是人的智力转化为物质力量的保障,是专业工作者必须具备的一种实践能力。在现实生活中,尤其是在教学、科研、生产第一线,求职者实际操作能力的强弱,将直接影响到其作用的发挥。

刚走上讲台时,我和所有初为人师的年轻人一样,紧张、拘谨、板书不流畅,教学语言不生动,课堂效果总是不尽如人意。为此,我伤透了脑筋,开始寻找提高自身素质的途径。于是,天生不服输的我下决心从一点一滴做起,苦练教学基本功。为了练习板书,我买来字帖,每天利用课余时间练习"三字"(毛笔字、钢笔字、粉笔字)。在办公室我在本上练,学生放学后在黑板上练,晚上回到宿舍在旧报纸上练,就这样,整整坚持了三年。如今,凡是听过我讲课的老师无不为我快捷而又漂亮的板书叫好。我还清楚地记得,刚开始讲公开课时,为了改进自己的教学语言,我常常用录音机把自己所讲的课录下来,然后反复播放,矫正语言、语气和语调,每一个细节都不放过。我常年订阅《演讲与口才》杂志,还专门从北京买了一套孙敬修讲故事的磁带学习揣摩。我从学校借了十几位特级教师讲课的录音带和录像带,有空就听、就看,认真研究名家驾驭课堂、从容施教的语言艺术。我还经常收看中央电视台鞠萍、董浩等著名少儿节目主持人的节目,观察他们与孩子交流的一招一式、一颦一笑。功夫不负有心人,几年下来,我练就了一身过硬的教学基本功。

钱守旺:《三尺讲台写春秋》,《人民教育》,2005 年第 7 期,第 46 页

教师应具备的能力不仅包括所有职业要求的基本能力,还包括教育类职业应具有的专业能力。具体包括:

1. 语言表达能力

在教学中,不管是阐明概念还是进行逻辑推理,都要求教师有清晰而生动的语言表达能力。语言表达能力是一名教师最重要的基本功,它包括口头语言和书面语言两个方面。在课堂上,教师要说一口流利的普通话。此外,教学语言的表达要简练、生动,符合语法规范,还要具有严密的科学性。还需要提及的是,教师要把对话看作是和

学生的沟通,不搞单向传递的独白式教学,不扼杀学生提问题的热情,利用语言进行有效的师生交流,增进相互理解。而书面语言的表达要求教师能写一手漂亮的粉笔字和钢笔字,板书设计要做到标题醒目、条理清楚、字迹端正、布局合理、繁简适中。良好的语言表达能力在很大程度上可以帮助教师提高课堂教学的效果。

2. 教学能力

教学能力是指教师在备课、上课、课外辅导、批改作业和评定成绩等教育环节中必备的能力,是教师职业能力的重要组成部分。教学能力是教师运用专业知识和教学理论进行教学设计,使用教学媒体和教学软件,组织课内外教学活动和进行课外辅导所需的能力,其主要包括教学设计能力、现代教育技术应用能力、课堂教学能力以及课外辅导能力。其中课堂教学能力是最重要的能力。

3. 科研能力

科研能力是教师在教育教学过程中,从事与教育教学有关的研究和创新的能力。中小学教师的教育研究是结合工作对象和工作实践展开的,科研能力应当具备以下几方面的素质:一是会选题,了解选题类型、方法以及如何制订研究计划。二是会用研究方法,如实验研究、调查研究等。三是会使用研究资料,进行描述统计、推论统计的整理和分析。四是会撰写研究报告,这就要了解研究报告的基本结构和撰写要求。

4. 教育管理能力

教育管理能力主要指一般的育人活动实施能力,包括对学生的思想品德、理想信念、人格、行为等方面教育与管理的能力。良好的教育管理能力是有效开展教育活动的保证,具体可分为整体教育能力、个体教育能力和家校协作能力。

整体教育能力是以班集体为教育对象进行管理与教育的能力。这需要教师了解建设班集体的几个重要环节,掌握组建班集体的主要方法,包括制订工作计划、选培学生干部、协调群体关系、培养优良学风、组织团队活动等。

个体教育能力是以学生个体为载体实施教育管理的能力,教师需要了解学生个体思想和心理变化的特点,具体的应该掌握以下几方面能力:①了解学生。②耐心与学生谈话。③认真分析书面材料。④善于心理辅导。⑤熟练操作评定学生的各种表现。

⑥能够处理突发事件。

家校协作能力是指了解班主任与家长关系的基本特点,并能互相配合,完成教育目标。培养家校协作能力具体应该做到以下三点:①经常与学生家长沟通。②定期组织家长会。③尝试组建家长社团。

5. 活动组织能力

课外活动是课堂教学的有益补充,对素质教育的开展具有非常现实的意义。课外活动的组织能力是指能够组织和指导与学校教育、课堂教学有联系的、对学生全面发展有积极作用的校内外各项活动的能力。它的基本内容主要包括活动主题的创设能力、活动方式的确定能力、活动方式的筹划能力和活动结束的总结能力。

(四) 心理准备

择业的过程既是一个竞争的过程,又是一个复杂的心理变化过程。要使自己在竞争过程中充分发挥主观能动作用,保持良好的竞技状态,就必须做好择业前的心理准备。

1. 客观认识自我

自我评价包括对自身的生理、心理、社会特征及各种行为的某一方面或整体的评价过程。正确的自我评价是择业的重要前提。求职者应该全面恰当地认识和了解自己的思想、能力、价值观、性格、身体素质、个人气质、兴趣爱好、知识等,不要盲目自大或者自卑,要在肯定自己的长处的同时,反省自己的不足,通过努力、扬长避短。认真分析社会需求和用人单位的录用条件,既努力争取,又切合实际。

2. 树立合理的职业价值观

在市场经济条件下,社会价值观趋于多元化、功利化和务实化,人们工作不只是为了满足生存需要。对于现代社会的人来说,职业可以满足人们从低层次到高层次的多方面需要。在择业时不能只考虑工作的经济收入、工作条件、地点等因素,更要考虑职业对自我一生发展的影响与作用,应看重职业能否帮助实现自我价值。因此,要在考察社会需要的基础上,树立重视自我职业发展、才能发挥、事业成功的职业价值观,以指导自己正确择业。

3. 调整自己求职的期望值

求职的期望值越高,如果没有成功,失落感就会越强烈,心理上承受的压力就会越大。处理好就业理想与就业现实的关系,以务实的态度对待职业的选择。因此,求职者要认清就业形势,合理地定位自己,不要在择业时好高骛远,这山看着那山高,到最后高不成低不就。如果暂时找不到理想的工作,不妨先就业后择业,等积累了工作经验和时机成熟时,再找一份更适合自己的工作,这样压力较小,也比较实际。

4. 化解就业焦虑

首先,要对求职有正确的认识。初次求职的不顺利是很正常的,这不是人生的失败。二要调整自己的求职心态。求职是人生的一件大事,但又是一件十分平常的具有多种选择的事情。要以积极的心态去面对,不要把它看得举足轻重,或者只许成功不许失败。要有一颗平常心,找到满意的工作不要沾沾自喜,找不到要继续运用智慧积极寻求机会,并且学会耐心等待,总之对求职有信心、有耐心和有恒心。三要注意自我减压。初次求职遇到"红灯",被用人单位拒聘,个人会产生失落感。对此要有积极的心态和积极的思考,分析求职失利的原因,用"红灯"照亮前行之路。

张某大学毕业后,一直找不到工作,好不容易进入某初中当了一名教师,但是工资很低,还备受同事的排挤。更让他难以忍受的是,女友嫌他没有出息,提出分手,并迅速和别人好上了。种种烦恼一起袭来,让他心乱如麻、万念俱灰。有一天他到公园里散步,坐在椅子上望着眼前清澈的湖水发呆,湖水的清澈明净吸引了他。他想,每天都有各种灰尘杂质落进水底,如果你使劲去搅动它,湖水就会变得浑浊不堪,但过一会儿又会澄清。于是他明白了一个道理,生活中的很多烦心事就像是灰尘和杂质,每天都会落进你的心里,如果你能平静地接受,冷静地处理,那么事情也会迎刃而解;如果你心胸澎湃,不停地搅动,你的心湖就会浑浊不堪,让整个心灵都受到污染。所以用宽广的胸怀去接纳它们，让它们慢慢地沉淀下来，那么你的心灵就会变得更加明净清澈。

王占仁，刘志主编：《职业生涯规划和就业指导十三讲》，

高等教育出版社 2010 年版，第 215 页

二、求职

求职既是一次人生的自我选择和自我推销，也是对个人能力和素质的综合考验。需要积极的应对策略才能如愿以偿。

（一）了解组织招聘的一般步骤

员工招聘包括制订招聘计划、发布招聘信息、接待和甄别应聘人员、发出录用通知书、评价招聘效益等活动环节。

1. 制订招聘计划

根据人力资源计划来制订，具体内容包括：确定本次招聘目的、描述应聘职务和人员的标准及条件、明确招聘对象的来源、确定传播招聘信息的方式、确定招聘组织人员、确定参与面试人员、确定招聘的时间和新员工进入组织的时间、确定招聘经费预算等。

2. 发布招聘信息

是指利用各种传播工具发布岗位信息，鼓励和吸引人员参加应聘。

3. 应聘者提出申请

应聘者在获取招聘信息后，向招聘单位提出应聘申请。应聘申请常有两种：一是通过信函向招聘单位提出申请，二是直接填写招聘单位应聘申请表（网上填写提交或到单位填写提交）。应聘者应提供的资料包括：应聘申请表、个人简历、各种学历的证明，包括获得的奖励、证明（复印件）、身份证（复印件）。

4. 接待和甄别应聘人员（也叫员工选拔过程）

其实质是在招聘中对职务申请人的选拔过程,具体又包括如下环节:资格审查,根据应聘者的申请表进行初筛。笔试,对初筛者进行测验。面试,经过资格审查或笔试后就会淘汰一部分,选中者与主管经理或高级行政管理人员进行面谈。确定最后合格人选。

5. 发出录用通知书

招聘单位与入选者正式签订劳动合同并向其发出上班试工通知的过程。通知中通常会写明入选者开始上班的时间、地点与向谁报到。

6. 对招聘活动的评估

对本次招聘活动作总结和评价,并将有关资料整理归档。评价指标包括招聘成本核算和录用人员评估。

当然以上仅是员工招聘的一般程序,组织会根据自身实际情况对其中的某些环节进行简化,以提高招聘效率和效果。

（二）创建职业生涯履历

从组织招聘的一般程序可以看出,求职者应聘过程中首先要向招聘单位提供相应的书面申请资料,即个人的职业生涯履历。在应聘过程中,大部分用人单位考察求职者的主要依据是阅读其有关的书面材料,并以此来判断和评估应聘者是否能胜任工作、是否能与该单位长久共同发展。这些书面材料分为主材料和辅助材料,主材料包括就业推荐表、简历、自荐书等。辅助材料包括成绩单、各式证书（含资格证书、获奖证书和技能等级证书等）、已发表的文章、论文、取得的成果等,其呈现形式可以为材料复印件。

1. 毕业生推荐表

对应届毕业生而言,毕业生推荐表是一项重要的履历。它是指学校发给毕业生填写的并附有学校书面意见的推荐表,以组织负责的形式向用人单位推荐,具有较大的权威性和可靠性。用人单位历来把该表作为接收毕业生的主要依据。一般该表会包括个人基本资料、学历、获奖情况、担任社会工作情况、个人兴趣特长及自我评价等部分。

2. 求职简历

求职简历是个人自行设计的最重要的材料,主要是针对想应聘的工作岗位,将自身相关经验、业绩、能力、性格等作简要陈述,以达到推荐自己、获得工作机会的目的。与推荐表不同,自行设计的简历可复印多份,并一定要用电脑打印,这样显得规范清晰、符合时代特征。个人简历应具备简洁、有序、突出个性又不失重点等特色,避免冗杂繁琐。

简历并无固定格式,但一般包括个人基本资料、学历、社会工作及课外活动、兴趣爱好等。其主要内容及具体要求大体如下:

① 个人基本资料。主要是指姓名、性别、出生年月等。一般列在简历最前面,另外也可加上政治面貌、民族、身高等。最好旁边附上美观得体的近期证件照。

② 教育经历。用人单位主要通过学历情况来了解应聘者的智力及能力专业水平。如果社会工作经验较少,就要突出教育经历,将其写在简历靠前部分。

③ 教育实习、学术论文及其他发表的文章。教育实习是师范生理论联系实际、增加阅历、积累工作经验的重要渠道。学术论文能展示师范生的专业能力和学术水平。如果在读期间还有其他文章发表,也是能力的体现,列入的时候注明发表文章名、刊物名和发表时间。

④ 课外活动和社会活动。目前用人单位越来越希望招到具备一定应变能力、综合素质强、一专多能、可胜任不同性质工作岗位的师范毕业生。因此学生干部和具备一定管理组织能力的应聘者颇受青睐。所以,社会实践活动和课外活动,对于求职者来说,是应聘时的一个相当重要的内容。相关内容可包括职务、职责以及业绩。

⑤ 勤工俭学经历。打工赚学费可显示你的心态和意志,并给人留下刻苦、努力、自强、积极的好印象。书写内容包括在何处、承担什么工作、取得什么业绩或获得什么经验等。

⑥ 特长。特长是指师范生拥有的技能,如文体、中文写作、外语及计算机能力等。如在某些技能上通过了国家等级考试,也应一一罗列出来。

⑦ 兴趣爱好与性格,为能表现个性,可加上这一部分内容,但注意最好写一些自己有所研究并具有个性的爱好,而且性格特点要与工作性质有关。

⑧ 联系方式。如本人电话（最好是手机）、电子邮箱、通讯地址、邮政编码等。①

【示例】：

个 人 简 历

本人 概况	姓名：	×××	性别：	××	照片
	出生年月：	198×年×月	民族：	×族	
	籍贯：	××省××市	政治面貌：	团员	
	学历：	研究生	导师：	××（教授）	
	毕业学校：	×××大学	专业：	×××	
	手机：	15××××	普通话等级：	××级××等	

联系方式：××省××大学××学院　　　邮政编码：×××

教育 经历	学习时间	毕业学校	学历	专业
	2011.09～2013.07	×××大学	研究生	××学
	2007.09～2011.07	×××大学	本科	××学
	2004.09～2007.06	×××高中	高中	文/理

求职意向：从事与××教学相关的工作（学校、企业及事业单位）

已获 奖励	1. _____
	2. _____

英语水平：已通过 CET - 6，能熟练地应用英语进行听写翻译和口语表达。

实践 经历	200×.12～200×.10　担任留学生汉语辅导教师（HSK 辅导）
	200×.03～200×.08　沈阳以琳语言学校任教
	200×.09～200×.12　沈阳师范大学国际教育学院实习教师
	200×.09～200×.01　韩国经畿道九里市水泽高中从事汉语教学工作

计算机水平：熟练操作 windows 及各种办公软件（Word、Excel、PowerPoint）等，特别是擅长制作课件和使用多媒体教学；通过国家计算机二级等级考试（成绩优秀）。

个人信条：求实与做人并重，才干与理想兼具！

---

① 刘淑玲主编：《师范生职业发展与就业指导》，高等教育出版社 2010 年版，第 148 页。

3. 自荐信

自荐信是有目的地针对不同用人单位的一种书面自我介绍。书写格式一般类似于普通书信。信的开始要先做自我介绍,接着书写内容主要是谈谈自己对从事此工作感兴趣的原因,愿意到该单位工作的意向和自己具有的资格。最后提出希望能有面试的机会,附上自己的联系地址、邮政编码、电话号码和电子邮箱。

（三）参加笔试

笔试是招聘教师常用的一种考核办法。它以书面形式考察和评估应聘者的教育教学基本知识、综合知识、文化素质、心理素质以及分析与解决问题的能力。通过笔试,用人单位可以了解并核实应聘者的有关专业知识和文字表达能力,在一定程度上了解其真才实学。

目前常见招聘教师的种类大致有四种:专业知识考试、综合能力测试、心理测试、模拟国家公务员录用考试。

① 专业知识考试:专业知识考试主要检查应聘者担任教师这一职务时是否达到所要求的文化知识水平和相关实际能力。其题目专业性很强,内容包括教育学、心理学、教育法律法规知识和学科专业知识。如招聘高中教师一般会考核该专业的高考模拟题。

② 综合能力测试:综合能力测试目的在于考察师范生的文字、口头表达能力,分析、解决问题和逻辑思维的能力、创新能力、悟性。这是对其各方面综合素质的全方位测试。考试的题目比较灵活,如要求求职者运用所学知识处理和解决学生的实际问题。

③ 心理测试:心理测试是使用事先编制好的标准化量表或问卷,要求被试在一定时间内完成,根据完成的数量和质量来判断其心理水平或个体差异。教育系统招聘教师通常以此来测试应聘者的态度、兴趣、动机、智力、个性等心理素质是否符合一位人民教师的要求。

④ 模拟国家公务员录用考试：我国公务员招考，一般对应届毕业生测试行政能力、公文写作和专业知识。部分用人单位在招聘教师笔试时采取了模拟国家公务员录用考试的形式。考试由县市区人事局和教育局统一组织，内容类似国家机关公务员录用考试，综合性较强。

参加笔试时，要掌握答题的技巧。首先了解重点，科学答题。拿到考卷后，先大体浏览一遍，了解题目的多少和难易程度，以便掌握答题深度和速度。然后按照先易后难的原则先做相对简单的题，最后再攻难题。其次卷面要整洁，流畅规范。卷面字迹要力求认真清晰，书写潦草、字迹难以辨认或涂涂改改会影响考试成绩。

（四）试讲与说课

在应聘教师的过程中，如果笔试成绩优异，即可获得进一步面试的资格，教师应聘中的面试主要是试讲和形式说课。这一环节是应聘者全面展示自身素质、能力、品质的最好时机，试讲和说课发挥出色，可以弥补先前笔试或是其他条件如学历或者专业上的不足。

1. 试讲

试讲就是到教室里面去，给指定班级的学生，面对听课和评课的老师，实实在在地讲一节课。试讲时要注意以下几个方面：

（1）要有明确的教学目标，教学设计各个环节和要素尽可能完整、完善。试讲过程重点突出，条理清晰，不可面面俱到。

（2）教态大方自然，善于跟学生进行眼神、表情的交流，善于启发学生。给学生足够的话语权，让他们发表自己的看法和认识。

（3）讲课要有激情，掷地有声，语言流畅、精炼、准确、抑扬顿挫，声音洪亮，普通话标准，语速适中。

（4）一定要有板书，板书就是你的教学大纲。板书要认真仔细、清晰漂亮、布局美观。

（5）条件允许的情况下，最好能采用多媒体教学，充分体现新课程教学理念。若试讲时不允许呈现，可以通过自己的语言复述出来。

2. 说课

说课，就是授课教师在备课之后，向同行系统阐述自己关于某课的教学设想及理论依据，而后听者评议、交流切磋的一种教研形式。说课不是教案的细化，也不是教学过程的简单复述。好的说课，应该包括对课标的理解、对教材的解读，对学情的分析、对教学过程的设计以及辅助手段的选用等。

说课的主要内容包括：

（1）说教材。分析教材，说出对教材的整体把握，明确本课在整个学段和年级的教材系统中所处的位置和作用。在教学中重视前后知识的内在联系，把握教学目标、重点和难点。

（2）说教法和学法。教法要重点阐述教学方法的依据——教学目标、教学内容、学生状况、自身状况和教学条件等。学法要重点解说如何实施学法指导，要在对所教学段学生的心理特征、知识水平都有较为准确把握的基础上去谈。

（3）说教学程序。要说明教学过程设计的基本思路，着重阐述各个教学步骤之间的逻辑性，并合理分配教学时间。

（4）说板书。说板书就是说明要板书的主要内容和设计思路，板书要与教学重点和难点呼应起来。①

【示范材料】

初中语文《智取生辰纲》说课教案

我说课的题目是《智取生辰纲》，本文节选自古典名著《水浒传》第十六回"杨志押

---

① 刘淑玲主编：《师范生职业发展与就业指导》，高等教育出版社 2010 年版，第 161 页。

送金银担　吴用智取生辰纲"。《水浒传》是施耐庵的代表作,它是我国文学史上第一部描写农民起义全过程的长篇小说。课文节选部分写了晁盖、吴用等人劫取梁中书生辰纲的经过。故事围绕"智取"二字逐步展开,悬念一个接着一个,明写护送队伍头领杨志警惕性之高,暗写晁盖等人用计之妙,读来引人入胜。本文列入人教版九年级上册第五单元中。本单元的课文都是我国古代长篇小说中的有名片段,目的是引发学生阅读此类小说的兴趣,培养学生对古代文化的热爱。其创作总体呈现如下特点:(1)注意人物语言、行动和细节的描写,在矛盾冲突中展示人物性格;(2)情节曲折,故事完整;(3)语言准确简练,生动流畅;(4)叙述方式带有明显的说书人的痕迹。而《智取生辰纲》一文在创作上体现了我国古代小说突出的艺术成就。

一、说教学目标

1.《智取生辰纲》一文作为教学内容,我认为可以生成以下教学价值:培养学生分析人物形象的方法和能力,引导学生探究文章的主题等。通过对学生和教材的分析和理解,我打算用一个课时来完成教学,教学目标为:理解课文"智"的所在:杨志的智送、吴用的智取、施耐庵的智写。

2.把握杨志的性格特点。

3.品鉴本文的精妙构思。

而本文的教学重点则在于让学生了解课文"智"的所在以及作者独具匠心的结构安排。

二、说教法和教学

初三学生已经具有一定的阅读能力和语言感受力,并且已经学过了几个小说单元,已经能够了解小说的基本要素和小说的主要特点。同时,学生通过欣赏影视作品、阅读文本,对本文节选故事的情节、人物形象、主题思想等内容也有个大体的把握。因此,组织本课教学时,教师如果只停留在对课文情节、语言、动作、心理等逐条分析上,必然会把课文搞得支离破碎,而使学生毫无兴趣。所以,我设想抓住一点,深入挖掘,可能更能激起学生自动探求的欲望,开启学生的思维,收到良好的教学效果。

三、说教学设计

针对这篇文章,我打算以"智"为中心,从分析杨志的"智"和吴用的"智"引申到作者的"智",进而品鉴小说结构安排的巧妙之处。

四、说教学过程

(一)新课导入

课件播放《好汉歌》,上课时让学生说说对梁山好汉的总体印象……

那么,今天我们就一起来了解梁山好汉的另一面。在这里,既没有令人眼花缭乱的刀光剑影,也没有让人扼腕屏息的搏斗场面,有的只是智慧与智慧的较量。请大家把课本翻到135页,我们一起来学习这一课《智取生辰纲》。

(设计依据:通过播放歌曲和让学生自己谈对梁山好汉的印象来激发学生的兴趣和参与热情,让学生更广泛地参与到课堂中来,这为课堂的展开奠定了基础。)

(二)整体感知

复述故事情节。

(设计依据:这篇文章篇幅较长,当堂读课文必然浪费很多时间,而且学生在课前已经预习过课文,让学生复述的目的是让学生以讲代读,培养学生的语言运用和表达能力的同时又让学生理解故事情节。)

(三)问题探究

本文课题为《智取生辰纲》,全文围绕着一个"智"字展开,在文中"智"主要体现在三个方面:杨志的智送、吴用的智取、施耐庵的智写。因此我设计了以下四个问题:

1. 讨论分析杨志的"智"。

2. 分析杨志失去生辰纲的原因。

3. 分析吴用的"智"。

4. 分析施耐庵的"智"。

(设计依据:以上四个问题设计是一个连环扣,学生通过这些问题的讨论不仅能够更深入地理解故事情节构思的巧妙、人物形象的鲜明,还可以感受到语文之美、语言之美。同时每一个问题的回答都要求学生从文章中找答案,培养学生通过语言分析课文的方法,因为任何架空语言的分析都不是真正的语文学习,要让学生用自己的眼睛去观察,用自己的心灵去感受,用自己的语言去表达,从而实现阅读能力的迁移。在分析吴用的"智"的过程中,我插入了视频欣赏,这样不仅让学生更直观地了解故事情节,同时也能缓解学生的课堂疲倦,激起学生参与课堂的兴趣。)

五、布置作业

既然课题是《智取生辰纲》,那么就请大家从吴用的角度来改写故事。

(设计依据:这一环节的目的是为了加深学生对文章的理解,训练学生的语言驾驭能力,实现阅读的迁移。)

刘淑玲:《师范生职业发展与就业指导》,高等教育出版社 2010 年版,第 163—165 页

三、完成角色转换

从学生到教师,新手教师面临着一次重要的角色转换:从被管理者到管理者的转变。同时,教师职业的最大特点在于职业角色的多样化。教师既是传道、授业、解惑者,又是学生品行修养的示范者;既是学生群体的领导管理者,又是学生身边的良师益友。随着新一轮课程改革的到来,教师的角色又在原有基础上被赋予了更多内涵:既是课程的实施者,又是课程的开发与研究者;既是知识的传授者,又是学生学习的参与者、促进者和指导者等等。

另外,教师还要与家长、同行、领导打好交道,更要应付现实生活中的各种人际关系。角色扮演的好坏,会影响到教师在学校中的整体形象和在学生心目中的地位。因此,教师需要较强的自我调控能力和随时进行角色转换的能力。新手教师在进行角色转换的时候,常常会出现角色失衡与错位现象。如他们有时与学生像同伴一样打成一片而使班级秩序混乱,这是因为过分扮演了朋友的角色而淡化了管理者的角色;或者变得过于严厉,单纯以课堂控制、外在奖励和惩罚来促进学生学习,这是过分在意管理者角色而忽视了教师是学习者的朋友角色;新手教师讲课时口若悬河、滔滔不绝,只知道传道而不会引起学生的兴趣,对学生的学习缺乏有效的指导,这是夸大了教师的指

导者地位，过分体现了教师的知识传授者角色。教师对学生的指导，并非建立在有问必答、直接给出正确答案的基础上。"授之以鱼，不如授之以渔"，在学习道路上，教师扮演的是知识引路人的角色，引导孩子在知识的海洋取其精华、去其糟粕、融会贯通，最后实现知识的创新。

教师与其他职业人员的一个重要区别是，不仅身肩教育重任，还要扮演家长代理人的角色。他们一边要对学生充满热情、希望和关怀，一边还要对他们严格要求。这样，家长代理人就会有他们的难处：教之过严，与学生产生距离，得不到学生的信任；待学生如朋友，遭到家长的质疑，得不到家长的信任。所以教师必须真正地拥有一颗包容的心，才能做到一边时时为孩子们着想，一边不放弃严格的要求。只有让学生感受到教师的用心良苦，他们才可能视教师为朋友，对教师的批评教育也不会抱有敌意，最终做到温情与严格两手抓。

最后，角色转换中要注意克服自己的消极心态：一不要过度依恋学生角色，积极转变；二不要畏惧教师角色，大胆放开手；三要克服浮躁作风，脚踏实地；四要注意放低姿态，虚心学习。

第三节

未来大有可为
——撰写专业发展计划

教师职业规划是教师获得成功的基本前提,而教师职业规划的核心命题是教师的专业发展。教师专业发展也是不断深化教育教学改革的需要。

教师专业发展牵涉到个人的、组织的、外在环境等错综复杂的因素。各种因素如果能够有效地加以整合,教师专业发展的道路将会更为顺畅。教师只有主动、自觉地自我反思,系统地规划自我发展过程,才能实现专业发展,因而需要切实可行的计划。

一、认识自我并评估时空环境

自我认识是教师制订专业发展计划的第一步。每个人都是一个复杂的个体,随着年龄的增长、时空环境的变迁,人在不断地发生着变化。因此通过不断地自我认识来把握自我,是制订专业发展计划的必要手段。"认识自我"包括认识自己的人格性质(志向兴趣、潜能、家庭背景、学历条件等)和确认各种价值观(从事教师工作的目的、自己的抱负、成就动机、生活与工作目标等)。

评估时空环境包括政治、经济、社会、文化因素及可能的发展计划、所需的配合条件等。我们还可以通过与他人交谈、反馈、自我反省等方式，了解自己对工作的喜好程度、自己的职业人格、职业目标等，为制订计划作好前期的准备工作。

二、分析相关资料，审视发展机会

教师在教学工作中的发展机会很多，比如：对教学方法的改善，从事教学研究，增进师生之间的融洽，开发校本课程，提高学生的学习效果等。在教育行政方面，教师可以审视自己兼任备课组长、教研组长、主任、校长等职位的机会。作为刚进入教师岗位的新手，应该在逐渐的教学工作中对自己有更深入的了解，进一步确定未来的发展方向，但也须注意不要陷入"乱花渐欲迷人眼"的怪圈，不知道如何取舍，对未来的发展摇摆不定。

三、确立发展目标与行动策略

教师的发展目标代表的是教师个人在工作上所努力追求的理想。教师在确立发展的整体目标并对自我未来的发展有了一个清楚的轮廓之后，再设定远期、中期和近期的具体目标。在选择行动策略时，应多参考过来人的意见，选择最适合自己的行动策略。一个好的行动策略不单单是一个活动项目而已，而应包含许多活动的组合与统合。一项目标的达成，也可以经过许多不同的途径来实现。因此，在制定行动策略时，应注意整体的配合和灵活应用，同时注意长中短期目标的内在配合。

四、按目标逐步执行

教师个人要达到目标，应把握关键的要素，制定行动策略，全心全力地达成。针对各行动策略，可再细分为小的行动方案。在努力过程中，还要不断地配合外在的情境因素做适当的调整和修正。阿波罗号登月计划如果只是一个庞大的计划，而没有分解成为细小的、可执行的行为和标准，那么人类的登月梦到现在恐怕还是计划，月球到现在也不会留下阿姆斯特朗的足迹。

五、评价发展计划

发展活动陆续展开与完成时，教师还需要对每个阶段的标准进行总结和评价，确认是否达到了预定的目标，在发展过程中是否有制订计划时未考虑到的地方。然后，可以针对问题和不足加以反思，并设法改善与补救。通过对每一个步骤与目标实现状况进行相关评价，可以对活动过程进行及时的审视，随时加以调整和修正。这样才能确立正确的行动计划和策略，使发展目标更有效地达成。

【示例】：

教师个人专业发展三年规划样本

一、对教师专业发展的认识

新一轮的课改实施已经步入第五个年头，在课改的推动下教育领域无疑在发生着一场巨变。教学三维目标在教学中的不断体现、落实，为学生的发展带来了广阔的前景。我们看到学生的思维活了、涉及的视野广了、参加社会实践的机会多了、敢于表达自己想法的勇气足了，但是作为教师也越来越感觉到驾驭课堂越来越难了、学生的需求越来越大了，这对教师自身提出了更高的要求。

当前，市教育局实施"三大"活动，就是对教师专业成长的一种具体体现。认识到教师自我专业发展应该根植于自己的教育教学实践，在自己熟悉的领域中探究、反思和理论提升。要学会规划自身的教师生涯，在不断实现规划目标中完善自己、发展自己,成为一名名副其实的名教师。

二、自身状况分析

1. 自身背景及成绩分析:

我××年于××师范学校毕业,至今从事教学工作××年。在这××年来我一直从事语文教学工作。在教学中我一直注重培养学生自主学习的好习惯,培养学生的创新精神和实践能力,教学之余我不断进行学习,提升自身素养。××年……教育学院小学教育专科毕业。××年毕业……教育学院中文系本科函授班。学习的过程是一个不断充实的过程,它为自己的教师专业成长奠定了基础。

2. 对自身问题的分析

从教＊＊年来,在学校及上级领导和同事们的支持帮助下,教学方面我取得了一些成绩,获得了一些荣誉,要跨越目前的状况需要付出更大的努力。随着教育改革的深化和推进,感性的教学经验需要有科学的方法和理性的分析做指导,来服务教学服务学生。

三、自身专业化发展目标

1. 整体性目标:

力求自己由专业型、经验型教师向研究型教师转变。

2. 阶段性目标:

第一阶段:(2006—2007年)以自主学习提升理论素养专业化为主的目标

美国著名学者波斯纳曾经提出教师成长的公式为:教师成长＝经验＋反思。这个教师成长的公式揭示了教师专业发展的本质。校本研究则可以从"提高经验认识水平"和"强化教学反思能力"这两个方面促使教师理论素养的专业化。

具体措施:

(1)认真读好六本书,并作好理论学习笔记。六本书是:

①《教育新理念》②《给教师的一百条新建议》③《教师专业化的理论与实践》④《新课程中教师行为的变化》⑤《教学理论:课堂教学的原理、策略与研究》⑥《多元智能》

(2)制作个人专题主页。记录整理个人成长的足迹。

（3）确立实施自己的小课题研究计划:《培养学生的创新思维》系列。

（4）争取外出学习一次,充实自己,开阔自己的思路。

发展定位——争取完成对学生《培养学生的创新思维》系列之一的预习的习惯的养成。

第二阶段:(2007—2008 年)以反思和教科研重构专业知识结构为主的目标

（1）提高课堂教学艺术,强化教学反思能力。

在日常教学活动中,要养成随时记录教学中的感想和学生的创新片段的习惯,学会积累,学会研究。

（2）加强教育科研能力,重构自身专业知识结构。

在教研与科研的实践中,发展自己,将自己的专业知识运用于教学实践,并通过实践与反思而与教学对象、教学环境不断互动,通过这个过程来强化自己的教学实践能力;将学科知识能力和教育理论素养相结合,通过教学实践来整合自己的专业知识,重构自己的专业知识结构。

发展定位——完成小课题结题报告,参加相关课题的评选比赛并争取得到认可。

第三阶段:(2008—2009 年)以提高教学效率促使教学品质专业化为主的目标

（1）在教学中注意学法指导,努力培养学生良好的学习方法和习惯,提高教学效率。努力使学生基本形成会预习的好习惯,努力培养学生学会独立钻研的学习品质。

（2）培养学生独立钻研,敢于表达的好习惯。将比较容易的知识由学生自己来讲,充分锻炼学生的综合能力。

发展定位——争取使学生养成独立钻研、独立思考的思维品质。

四、主要措施

1. 用自学形式完成有关教育理论方面的学习。

2. 积极参加教育部门组织的继续教育学习和学校组织的校本研训活动。

3. 承担学校及上级部门组织的课题,以课题研究带动自身的提高。

4. 及时记录自己在教育科研、课堂教学、业务学习、个人感悟等方面的学习心得体会。

5. 定期参加有关的科研论文评比。

6. 每天有 1 小时以上的读书时间。

五、预期效果

1. 初步具备一定的科学研究的素养。

2. 具有良好的驾驭课堂的教学能力。

3. 个人学科专业素养得到进一步提高。

4. 完成小课题研究。

5. 尽量给学生少布置或不布置家庭作业。

http://www.doc88.com/p-2079899611958.html

第五章

四时风景各不同
——不同生涯周期教师的职业规划与发展

王国维在《人间词话》中谈到古今之成大事者,必经过三种境界:"昨夜西风凋碧树,独上高楼,望尽天涯路。"此第一境也;"衣带渐宽终不悔,为伊消得人憔悴。"此第二境也;"众里寻他千百度,蓦然回首,那人却在,灯火阑珊处。"此第三境也。与此相似的是,教师职业生涯目标的实现需要一生的孜孜追求,在追求的过程中教师也将经历职业生涯的三个不同的阶段:职业成长期,这一时期是教师在角色上完成从学生到教师的过渡,全面进入教师角色的重要时期;职业成熟期,这一时期的教师已经高度认同教师的职业价值,逐步树立现代教育教学理念,不断构建自身的经验体系,是自身的工作能力和业务素质均得到很大提高的阶段。职业超越期,处于这个阶段的教师,一般形成了自己个性化的教学风格、具备先进的教育理念、拥有丰富而突出的科研成果,拥有较高的社会地位。与此相对应,我们将处于三个发展阶段的教师分别称之为新手型教师、熟手型教师与专家型教师。本章将通过对处于职业生涯不同阶段的教师其职业发展特征的分析,为教师职业生涯规划的实施提供一定的建议和指导。

第一节

一年之计在于春
——职业成长期与新手型教师的职业规划与发展

初登讲坛的青年教师常常会对学生讲这样一句话："在经验方面我一无所有，但我拥有一颗年轻而充满活力的红心。"的确，年轻意味着经验少，难以承担重任，但年轻同样意味着活力四射，蕴藏着无限发展的可能。作为新手型教师，保持着教书育人的神圣使命感踏上三尺讲坛，他们将会遭遇怎样的问题，又将怎样设计自己未来的发展，这一节将围绕新手型教师的特点与职业规划展开论述。

一、新手型教师的特点

所谓的新手型教师，一般指的是参加教学工作五年以内的新教师。他们在这个阶段的主要目标就是尽快地适应教学环境，与学生建立起良好的师生关系，与周围的教师建立起融洽的同事关系，同时在处理复杂的教学问题时由手忙脚乱变为应付自如。这一阶段的教师已经完成了由其他角色向教师角色的转换，进入到适应教师角色之后的一个重要发展时期——职业成长期。

这一时期的教师通常具有以下特征：

（一）个体发展特征

大多数新手型教师都是大学刚刚毕业，年龄在二十几岁，年轻有活力，但缺乏工作经验和社会经验；相当一部分新手型教师还是单身，事业上缺乏家庭和伴侣的支持；由于刚刚参加工作，他们一般经济状况比较拮据，生活压力大。但处于这一时期的教师一般精力充沛、兴趣广泛、充满热情、朝气蓬勃。他们从高等院校完成学业，来到中小学工作，环境的变化给他们带来了兴奋和激情，往往希望通过努力工作展示自我并得到认可。

（二）教学策略与方法

新手型教师刚参加工作，对教学的不熟悉和经验不足使他们在课前必须花较多时间来备课，考虑如何上好每一节课。但是，新手型教师的课程计划在逻辑性和内部关联性上往往都显得不足。因为缺乏一般教学技能方面的经验，他们需要花更多时间来维持课堂秩序、进入教学内容、保持课堂纪律和抓住学生的注意力。如果没有事先准备，新手型教师很难现场即时想出合适的例子和做出恰当的解释。由于新手型教师的课程计划不能很好地预见学生可能产生的疑问，他们也很难将学生的问题和课程目标联系起来。

在课堂控制方面，新手型教师虽然在课前就做出了非常详细的教学计划，但往往对课堂上的复杂情况估计不足。有可能因为一些突发问题（比如课堂纪律问题）而打乱原有的计划，或者是过于死板地执行原有的课堂计划，而不能针对课堂突发状况和学生的即时反应做出适当调整。由于失去了互动性和灵活变通性，新手型教师往往吸引不住学生的注意力，使课堂教学的效果大打折扣。[①]

---

① 连榕编著：《教师职业生涯发展》，中国轻工业出版社 2010 年版，第 137 页。

在进行课后评价时,新手型教师往往较多地关注课堂当中发生的细节,难以从整体上把握整个教学过程。在评价的细节方面,他们会更多地谈及自己是否解释清楚,是否顺利完成教学任务等。

二、新手型教师面临的主要心理问题及成因

(一)角色转换引起的心理问题

由刚刚迈出大学校门的学生,突然转换成具有以"学生发展为中心"理念的教师角色,无论是在生活、工作还是人际关系等各方面都与以往有很大的不同,这种角色转化如果不能顺利完成就会产生一系列的心理问题。

首先,从求学到为人师表,从受教育者到教育者,这是新教师人生旅程的一个根本转折。它标志着新教师作为纯粹的消费者和受教育对象的结束,从此进入社会,承担独立的职责,并成为教育工作者。需要开始独立面对生活和工作的种种问题,需要承担新角色带来的社会责任和压力,这些都很容易造成新教师心理上的焦虑或失落感。

其次,角色地位的差异会使新教师产生心理失衡。新教师由于缺乏丰富的教学经验,教育教学能力正处于逐渐增强的过程中,其自身的能力与才干有可能没有被发现,或者没有显露的机会,加上论资排辈观念的影响,因此在教师群体中,他们处于相对较低的地位,这种角色地位上的差异往往使渴望得到重视的新教师难以认同和接受。

最后也是最重要的一点是,长期以来,类似"人类灵魂的工程师"等角色定位使教师这一职业被赋予了太多的使命和责任,承担着多重角色。既是知识的传播者又是科研成果的创造者;既是学生的领导者又是学校领导的被管理者;既要做班级的管理者又要当好学生的良师益友;既要和家长、同事、领导打交道又要应付现实生活中的多种人际关系。凡此种种,都需要教师具有较强的自我调控和随时进行角色转换的能力,

而这种高度的自我调控能力又是新教师难以具备的。① 这也是教师，特别是新教师产生心理问题的重要原因。

（二）期望与现实的落差带来的心理痛苦

刚参加工作的新教师有着对工作、社会的无限憧憬，也有对前途事业的定位和理想。而当真正走向工作岗位，当现实社会与他们心目中的理想不统一，就会出现一种心理落差，对新的环境、人际关系和生活方式感到不适应；感到自己所取得的成绩与原有的期望有很大的落差，个人的努力和成绩得不到学生、同事和学校领导的肯定等。由此产生困惑甚至造成心理失调、心理痛苦，逐渐出现失落、自卑、焦虑、忧郁等情绪反应。

从育人的角度来说，由于新教师参加工作时间短，缺少实践经验，在制定教学目标和计划时与学生的实际情况相脱离，教学目标太高；教育教学手段单一，课堂教学乏味单调，不能有效激发学生的学习兴趣；在与学生相处中尚未找到有效的沟通方式，得不到学生的尊重。因而部分新教师感到在学生面前的"权威"和良好形象无法得到体现，会失去作为教师的成就感，而对自己的角色感到失望。②

从工作环境的角度来说，新教师在走上工作岗位之前往往满怀教育理想，希望能够在教书育人中收获成就感和满足感。但现实的情况往往是，在激烈竞争的背景下，教师之间常常在工作业绩上展开竞争，教育工作变成了成绩的 PK 台，注重应试教育，教育理想难以实现。再加上参加工作后，同事之间的关系往往不像以往的同学关系那样亲密，这就自然引起新教师的孤独、失望，进而产生由于对同伴的"失望"和人际竞争压力带来的心理问题。

---

① 马凤芹：《新教师适应期的心理问题及引导》，《教学与管理》，2010 年第 12 期，第 29—30 页。
② 张洪亮主编：《教师专业发展导引》，天津教育出版社 2010 年版，第 117 页。

（三）实践性知识缺乏带来的心理压力

新手型教师面临的最大心理压力就是实践性知识和教学经验的缺乏。新教师在师范院校接受了系统的职前培训,他们满怀着初为人师的信心与快乐,投入到工作中,认为自己完全能够胜任教师这一职业,并能在学校教学中享受成功的喜悦。但在实际教学中,他们却发现事实并非如此。面对着灵活多变的课堂,面对着层出不穷的学生问题,新教师往往感到自己在大学接受的教育无用武之地,从而失去信心。"我明明已经备好了课,但在课堂上却总发现学生并没有按照我的思路走,我一下子就乱了阵脚,不知道怎么办,最后只好草草收场。""我感觉老教师总能提前预见到学生会出现哪些问题,从而及早采取措施,而我们要等到问题发生,才会意识到,才会去补救,因此我们总是手忙脚乱的。"①

对新教师来说,也会遇到由于育人技能欠缺带来的认知障碍。他们害怕学生在课堂上不遵守纪律,不尊重教师,不按照自己的要求去完成各项学习任务,更担心个别调皮学生带头破坏课堂纪律,影响课堂教学。特别是刚开始执教时,缺乏有效的沟通策略,往往对在上课时捣蛋做小动作、破坏课堂纪律的学生感到束手无策,甚至会出现由于管理不善和方法欠妥,导致新教师与学生及家长的对立情绪。实践性知识的缺乏,有时也会导致新教师任职之初教学事故的发生,这会使新教师产生强烈的挫折感,进而产生心理压力。

三、新手型教师的心理调适与职业规划

基于以上问题和分析,新手型教师首先要进行自我心理调适,并根据这一时期的

---

① 孙鹏:《新教师心理不适应原因及消解》,《安庆师范学院学报(社会科学版)》,2007 年第 4 期,第 134—136页。

职业特点和心理特点进行合理的职业规划,从而促进职业的顺利发展。

(一) 新手型教师的自我心理调适

1. 设计恰当的"理想自我"

每个人都有两个"自我",一个是"现实自我",即自己的现实情况;另一个是"理想自我",即通过努力将来要实现的"自我"。新手型教师在入职之初,面对角色的转换和角色差异以及工作经验缺乏带来的教学压力,首先要学会客观看待"现实自我",合理设计自己的发展目标,认同自己的职业角色;坦然面对社会现实和人际竞争,耐得住寂寞和清贫,不畏各种冲击和挑战;与他人建立良好的人际关系,尊重他人的个性,集思广益,与人携手愉快地合作;不断寻找有效的沟通方式,与学生建立融洽的师生关系,从中找到自我的位置,逐渐缩短"理想我"与"现实我"之间的差距,从而顺利走过职业成长期。

2. 合理调整心态,适度宣泄

在教学中遇到挫折时,平和的心态至关重要,它能有效缓解或消除心理压力。平和的心态是指要有一颗"平常心"、一种"达观心"、一份"自信心"。"平常心"要求面对挫折不避不让,不烦不恼,不急不躁,从容自若地承受。"达观心"指要懂得社会与人生变化的辩证关系,明白万事如意只是一种美好的愿望,现实中任何事情都不可能完全按自己的主观意愿发展,从而能静下心来寻找问题的症结。"自信心"要求重塑自信,坚信"失败乃成功之母",勇敢面对挫折。只有这样才能不被挫折击垮,迈出成功的第一步,进而鼓起勇气正视挫折。新手型教师还可以主动与亲朋好友谈心,与成熟的教师交流取经,将精神上的重荷和愤懑宣泄出来,在他人的劝慰、开导中解开心结,也可有意识地将注意力转移,变换工作、生活环境,如利用业余时间与朋友相聚、外出旅游、参加文娱活动等,在轻松愉快的氛围中求得心情愉悦。[1]

---

[1] 连榕编著:《教师职业生涯发展》,中国轻工业出版社 2010 年版,第 139—140 页。

【肖川教授送给老师们的六句话】

1. 快乐是一种美德(不快乐是一种缺憾)

2. 微笑是一种力量(你脸上的微笑有多少,孩子的脸上就有多少阳光)

3. 优秀是一种习惯(成功有方法,失败有原因,教师专业成长要养成注重积累的习惯。教师在教给学生知识的同时,更重要的是培养学生良好的学习习惯、行为习惯,这才是让学生受益终生的,所以教师的事业是为孩子的未来奠基)

4. 成功是一种心态(不与别人攀比,充分发挥个人潜力,做最好的自己就是成功)

5. 清白是温柔的枕头(教师应该是清白的,两袖清风,淡泊名利)

6. 幸福是灵魂的香味(幸福是一种感觉,是发自内心的那种灵魂深处的充实与闲适)

（二）新手型教师生涯规划的要点

1. 正确分析自我,认识自我

"知己知彼,百战不殆"。作为新手型教师,在职业成长这一重要时期,需要在全面分析自己的基础上寻找自我发展的突破口,找到适合自己的发展方向,因此,能否正确分析自我、认识自我,就显得尤为重要。

善于反思是正确认识自我的有效方法。教育界有一句名言:"抄三年教案可能仍然只是一名教书匠,而坚持写一年反思则可能成为一名优秀的教师"。新教育实验的倡导者朱永新更是大胆成立了"朱永新成功保险公司",并与很多教师签约,他在"开业启示"中写道——"投保条件:每日三省,写千字文一篇。一天所见、所闻、所读、所思,无不可入文。10年后持3 650篇千字文来本公司。理赔办法:如投保方自感十年后未能跻身成功者(名师)之列,本公司以一赔百……"试想,如果一个教师能够按照如上所言坚持每日反思与提高,成不了一名优秀的教师吗?

2. 坚持学习,厚积薄发

"要给学生一杯水,自己首先要有一桶水"。终身学习是成长期教师继续发展的有效保证,也是成为一个学者型、专家型教师的前提。成长期的教师首先要坚持学习专业知识,努力掌握所教学科教材的知识体系,做到了然于胸。其次要积极学习教育教学中适用的相关知识,因为各门学科的知识都不是孤立的,现代科学发展呈现高度分化又高度综合的趋势,教师必须适应这一趋势才能胜任教学工作。新手型教师的学习可通过以下几个方面来进行:一是多阅读教育教学理论书籍及专业报刊,提高专业素养;二是虚心向身边的名师请教,汲取宝贵的教学经验;三是积极参加教研活动和各种教育培训活动,取人之长,补己之短。

此外,知行并重才能使学习的效果最佳,因此新手型教师应当注重将学习与实践紧密结合,学以致用。只有自觉地将现代教育理论及他人的经验运用到教学实践中,才能缩小理论与实践之间的差距,同时要敢于承担公开课、汇报课、考评课等教学任务,从中获得经验教训,促进自我发展。

3. 参与科研,注重实践

教师不但是教学活动的实践者,也是研究者。参与科研是教师专业成长和职业发展的必由之路。成就名师,不能只是埋头苦干,更要学习掌握教育规律,提高教育理论水平,只有这样,教师的工作才会事半功倍,教师自身才能得到发展。

职业成长期教师参加科研不同于专业的理论工作者,应该更为注重解决实际教学中遇到的问题,注重研究的实践应用。科研选题应该从自己熟悉的领域出发,以行动研究、案例研究为主,将理论落实到实践,在实践中检验理论,从而在实践中提升自己。一个问题就是一项研究,一项研究就意味着一个创造,一个创造便会产生一种价值。在教学研究中,教师把教学中存在的问题变成有价值的研究课题,不但可以帮助教师解决实际教学中的困难,还可以加深对问题的理解,在研究与解决问题中获得更好的发展。

4. 关注学生,融入学生

理解学生、关注学生,与学生和谐相处,成为深得学生喜爱的教师是每位新教师的重要目标。因此,处于职业成长期的新手型教师应该主动走进学生的内心世界,深入了解每位学生的特点,熟悉不同成长阶段学生的心理特点和问题,在与学生的互动中尽可能多地影响学生,在教育教学中产生巨大的亲和力,实现与学生的心灵接触,从而使学生由"亲其师"到"信其道",既能对学生的进步产生巨大的影响,又能提高学生对自己的认可度,并且在与学生的沟通交流中不断丰富自己的教学实践,成为学生真正喜爱的老师。

　　年轻的教师们,不要只用手去工作。教育,是精细得连上帝都轻轻呼吸的工作。一个教师,能否和学生进行心灵的交换,将是教书匠和一名真正的教师之间的标志性的分水岭。一个教师,只有时时触摸到学生柔软、温暖的心,才会感受到教育的神圣与伟大,才会不遗余力地用智慧去守护纯真的心灵,塑造纯洁的心灵,美化纯粹的心灵。

管建刚:《不做教书匠》,福建教育出版社 2006 年版

　　"好的开始是成功的一半",教师的职业成长期是职业生涯的初始阶段,又是极其重要的阶段,正如"一年之计在于春",教师在这一时期的状态和发展决定着今后的发展,因此,在入职初期,新手型教师就应不断寻求自我的专业成长与发展道路,使自己尽快成长起来,顺利走入职业成熟期。

第二节

历经风雨见彩虹
——职业成熟期与熟手型教师的职业规划与发展

经历了职业成长期的迷茫与困惑,成功地在讲坛上站稳脚跟,并且随着工作历练和教学经验的增长,在课堂中愈发游刃有余。这时期的教师进入到职业发展的成熟期,可以劈波斩浪地行驶在职业生涯的大海中。然而前方路途遥远,作为熟手型教师,等待他们的是风平浪静还是暴雨暗礁?本节将介绍熟手型教师的特点及发展建议。

一、职业成熟期与熟手型教师的特点

职业成熟期是一个教师完全适应教育教学工作的时期,也是其完全掌握了教学主动权,各方面都成熟后成为学校教学骨干的阶段。衡量教师是否成熟的标准,国内外学者有许多种说法。国内学者对教师是否进入成熟期主要以思想成熟、业务成熟、身心成熟三个标准来衡量,具体表现为:教师必须具有献身教育事业的理想,有高度的社会责任感;具有观察了解学生的能力,具有信息组织、转换和传递能力,组织管理能力,教育科研

能力,能够独立地和主动地开展多项复杂工作,能够灵活地处理事情;遇到困难与挫折时,有耐受力及调节力;具有清晰地自我分析、自我反思能力。[①] 虽然对于成熟型教师的说法不同,但成熟期教师一般都具有以下特征:

(一) 个体发展特征

处于成熟期的教师的典型年龄段为 30 到 40 岁。在人生这个阶段,他(她)们正处于事业发展的黄金期。从客观身体条件看,往往健康状况良好、精力充沛、思维活跃;人生观、价值观、世界观已基本定型,对事物的理解更加全面和透彻,更加具备独立思考和选择判断的能力。处于这一阶段的教师,往往已经建立了自己的家庭,人生的轨迹和方向性已经非常明确。因此,他们往往更加关注自我在职业上的成就和发展,精力更加集中,追求目标也更加明确。

在人格特征上,与新手型教师相比,熟手型教师性情较为随和,更能适应教学环境,更加关心和理解学生,对学生的管理更为民主,但在情绪稳定性和自我调节能力上仍不如专家型教师。[②]

(二) 教学策略与方法

相对于新手型教师,熟手型教师经过了几年的教学实践,对课堂的相关内容比较熟悉。因而,他们对于课前的计划与准备已经形成了一种定型,这种定型使教师的课前准备熟练化,时间缩短。但与此同时也使得教师的课前计划刻板化,往往只按一定的模式进行,表现出对课前计划的重视不足。

在课堂控制上,熟手型教师的课堂教学控制水平更高。新手型教师虽然在课前制

---

① 陈惠津:《教师职业成熟的阶段和标准》,《教育评论》,2003 年第 5 期,第 35—37 页。
② 连榕:《新手—熟手—专家型教师心理特征的比较》,《心理学报》,2004 年第 1 期,第 44—52 页。

订了完整的教学计划、教案，但其课堂教学往往只是照搬教案，目的在于完成教学任务，因而不会根据课堂情境的变化来相应地修正他们的计划。而熟手型教师的课堂教学则显得流畅、熟练，他们能根据课堂情境和学生的课堂反应及时调整教学计划，课堂上注意与学生间的交流与沟通，能够以有效的方法维持学生的注意力等。熟手型教师的这种流畅、熟练与他们的经验水平和不断实践是分不开的，教学工作的逐渐熟练，保证了他们的教学顺利有效地进行。

在课后评价方面，新手型教师关注周围人对他的评价，而熟手型教师更注重课堂的教学是否有效。他们的课后评价主要是以课堂教学是否成功作为标准，但是相对于专家型教师来说，对如何提高教学质量考虑得并不多。由此可见，熟手型教师还不善于进行课后反思。[①]

总起来说，成熟期教师在丰富经验的支撑下，形成了自己独特的教学风格，处于教育智慧不断迸发和生成的阶段。

我教学生涯发展的第二阶段，我把它称为"成熟期"。其标志一是我开始注意对教学实践的理论总结；二是我已经形成了自己的教学风格。在这个阶段里，我对国家颁布的"教学大纲"已心领神会，对高中教材也已了如指掌。在教学实践中，我越来越体会到简单的模仿和对课堂教学的一些皮毛的改革，已经在一定程度上束缚了我的发展，于是，我开始有了对自身教学理性的分析。认识上的提高，带来了教学实践的革命。备课，我有了"三部曲"：第一步，"有它（教材）没我"；第二步，"有我有它"；第三步，"有我没它"。上课，有三境界：第一境界是"形动"，即千方百计吸引学生，让学生喜欢上课；第二境界是"心动"，即用我的真情打动学生，刻意创设特定的课堂情感氛围；第三境界是"神动"，即把教师的观点变成学生的思想，进而导之以行。

唐江澎：《学习，生命存在的方式》，《人民教育》，2004 年第 1 期

---

① 连榕编著：《教师职业生涯发展》，中国轻工业出版社 2010 年版，第 144 页。

二、熟手型教师成长过程中的心理问题及原因

成熟期教师各方面都达到了比较稳定的状态，具备了丰富的教学经验，有了较好的教学成绩和社会地位。如职称评定如愿以偿，荣誉上拥有优秀教师、教学能手等称号，自我感觉"功成名就"。如果教师对自己的专业发展缺乏更高的目标，最容易产生"高原现象"或职业倦怠；而成熟期这种稳定的状态一旦遇到新课程改革等外界因素的影响，也会造成新的心理问题。

（一）职业倦怠或"高原期"的产生

进入职业成熟期，许多熟手型教师解决了成长期无力胜任教学任务的问题，教育教学技能不断提高，在家庭、事业各方面都步入了稳定期，但却容易在长期单调乏味、周而复始的教学活动中丧失年轻时的理想和目标；或者在获得了一定的社会认同后产生自满，过早地将自己的教学模式固定下来，忽视了对教学过程的创新和改进，从而进入职业发展的"高原期"，停滞不前；或者对自己的未来发展感到迷茫，在与社会上其他职业角色的比较中对自我的价值产生怀疑，对工作缺乏激情，甚至在教学过程中出现情绪失控等问题。这种种表现都说明，许多教师在职业成熟期产生了职业倦怠，从而阻碍了自身的进一步发展。此外，还有相当一部分教师在进入职业成熟期后，由于家庭责任的压力，在照顾家庭、抚养儿女和工作中感到力不从心，也会产生职业倦怠。

（二）新课程改革带来的心理压力

成熟期教师已经有了一套自己比较固定而成熟有效的教育教学方法。然而新课改对教师提出的一系列新的要求又成为他们新的压力源，打破了多年来形成的平衡状态。面对新课程理念下教师角色和价值观的变化，成熟期教师往往对新课程改革的认

同度相对较差,而产生认知偏差。而认知上的偏差,不仅会影响基础教育课程改革核心理念的形成,还会导致教师的不良情绪和倦怠情绪。如感到自身的能力与水平跟不上素质教育和课程改革的要求,新课改的要求操作起来有一定的难度;对新课程理念的认同较差,认为教学互动的过程会使教学质量降低等,都会使成熟期教师觉得力不从心而产生沉重的心理压力,进而给一些教师带来消极的情感体验,甚至有的教师对自己能否胜任新课程教学感到怀疑。

三、熟手型教师的心理调适与职业规划

(一)熟手型教师的自我心理调适

1. 正确认识"高原现象"

要认识到"高原现象"是职业发展中一种规律性的现象,同时也是因自己的一些消极因素造成的。遇到职业高原期有时候也并非坏事,只要合理归因,积极面对,客观看待自身存在的问题和职业发展的现状,进行合理的调整和拓展,为自己找到新的发展目标和前进方向,通过自己的努力,最终可以克服高原现象,并有可能为今后的发展奠定更好的基础,使职业发展更上一层。

2. 合理缓解工作压力

面对社会和环境所带来的沉重压力,教师要进行有效的自我调控,正确认识自己的困惑和压力,缓解和消除不良情绪,保持积极向上的心态,形成积极应对的良好心理素质。

首先,教师要认识到压力的客观性,对已经出现或将要面对的压力有一定的思想准备,采取理性的应对态度,调整对心理压力的自我感受;其次,要客观反思自己的压力来源,根据教育教学实际,进行分析、研究、制定适合自己,符合新课改要求的教学方案和教学策略。第三,善于调节情绪,通过一些基本的自我调控技巧包括自我宣泄、自我暗示、自我放松等疏导自己的不良情绪,以减轻心理压力。最后,处于成熟期的教

师,应当学会利用周围的人际关系和家庭背景,进行合理的宣泄,从家人和朋友中收获快乐和信心。

(二)熟手型教师的生涯规划要点

1. 客观分析自己,寻找发展的突破口

要想攀登高峰,就要找到适合的路。作为一名熟手型教师,在教育教学的各个方面均有了一定的积淀,对职业和自我的认识都有了质的提升。这时,能否正确客观地认识自己、分析自己,并在此基础上寻找适合自己的发展定位,就显得尤为重要。正所谓"金无足赤,人无完人",每个教师都有自身的优势,因此要在准确定位自己的基础上,找到职业发展的突破口,以新的目标激励自己,充分发挥自己的优势,引领自己走向职业生涯的更高峰。

2. 努力培养成就意识

教师的自我成就意识即教师个人确立的职业目标、专业方向及个人的成才志向等,是教师取得成功的精神力量和个人特质。在职业生涯中,教师职业成就意识的培养非常重要。成就意识就是激发教师智能潜力的催化剂,作为教师,只要有了积极的教育态度,就会有突破常理的超越。因为拥有了成就意识,教师就会不满足于现状,会努力去探求更高的发展目标,表现出教育的主动性和创造性,并且享受着探索路上的种种欢乐和痛苦,把发展和成就看做人生最大的乐趣和最大的满足。①

3. 充分利用外部资源

教师职业能力的突破性发展,既需要在校内与同事的相互合作,也需要在更广阔的领域内与同行进行多方面的交流。只有这样,教师才能不断提高他们的理论修养,不断学习到各种前沿的教育理论和教育科学知识,从而摆脱停滞状态,走出职业发展的"高原期",获得新的发展。处于成熟期的教师,大多已经确立了自己的骨干地位,在

---

① 程振响主编:《教师职业生涯规划与发展设计》,南京师范大学出版社 2009 年版,第 93—94 页。

发展的校内校外条件上都有了一定的积累,因此要有意识地利用好这些条件和资源,为自己创造最优的发展环境。如主动要求承担额外的责任或任务,进一步展示自己的能力;主动参与教学科研项目,得到专家的引领等等。

4. 不断进行自我反思

对于成熟期的教师来说,具备强烈的自我反省意识,能够帮助教师更快地达成自我发展的目标。教师反思的维度可以从四个方面入手:第一,从自己的经历中反观自己。每一位教师的成长经历都蕴含着他(她)的体验、经验,反映出他(她)所处的环境和所过的生活。然而,仅仅拥有经历并不意味着已经对它们进行了反思,只有对它们进行理解、分析和批判,才能促进教师的发展和进步。第二,通过学生的眼睛省视自己。从学生的角度反思自己的教学行为及其结果是教师有效教学的重要保证。许多优秀教师正是通过学生的反应和学习效果来调控自己的教学进度和教学行为,并把学生的学习效果作为自己教学成效的日常反思尺度。第三,从同事的反馈中检查自己。教师只有借助于他人的评判,尤其是同事的建议和帮助,才能在观察、认识自己的教学实践时更客观,批判性反思才更有效。最后,从理论解读中反省自己。系统的理论分析可以帮助教师审视那些教学中的直觉判断和缄默知识,帮助教师认识和理解自己的行为和思想,而且还可以为他们的实践提供多种可能。①

---

① 赵昌木:《教师反思的维度》,《早期教育(教师版)》,2004 年第 7 期,第 2—6 页。

第三节

山登极处我为峰
——职业超越期与专家型教师的职业规划与发展

在任何一个领域，被誉为"专家"意味着莫大的荣耀。作为教师，在经历了职业初期的迷茫，职业高原期的倦怠和突破，成为专家型教师之后是否会迎来职业生涯的巅峰，在教育事业中做出更大的成就？本节将阐述专家型教师的特点及处于职业超越期的规划要点。

一、职业超越期与专家型教师的特点

跨越了成长期、成熟期，攀越了职业生涯的"高原平台"，教师实现职业理想的终极目标时，也就进入了教师职业生涯中的超越期。处于这一阶段的教师，通常把教学当作一种艺术，可以醉人而不知，育人而不觉，他们一般具有稳定而持久的职业动力、个性化的教学风格与模式、先进独创的教学思想和理论、丰富而突出的教学科研成果。知识水平、业务技能、经验积累、教学成绩、专业发展水平、社会影响力等都达到了较高程度。在现有的教师评价体系下，他们往往被界定为"学科带头人"、

"特级教师"乃至"教学名师"等，成为专家型教师。[①] 处于这一阶段的教师主要呈现以下特征：

（一）个性发展特征及心理特征

1. 独特的人格魅力

超越期的教师与成长期、成熟期不同，无论对人还是对事、对己，他们都表现出沉稳认真的态度。对教育事业执着忠诚、对学生满怀爱心，对自己的能力充满自信，同时能虚怀若谷、博采众长、精益求精、不断进取。在日常工作中，往往表现为能沉着果断地处理意外情况，意志坚定，不人云亦云，并具有独具魅力的个性特征，能够很好地控制和调节自己的情绪，能够理智地处理教育教学中的各种问题，对自我和职业有着更高的认同度。

2. 稳定的工作动机

专家型教师通常具有强烈而稳定的内在工作动机。其教学动机的特点可以归纳为对教育事业由衷的爱，表现在他们把教学工作视为自己的一种乐趣，真正热爱教学工作；把教育当做是自己的终生追求，认为它可以使自己得到不断的发展，实现自己的人生价值；在教学工作中自觉性高，能够主动研究教育教学过程中出现的问题；乐于和学生交往，把学生当成是自己的朋友。[②] 如特级教师张学钊老师感言：教师的最大快乐就是创造出值得自己崇拜的学生，教师的成功就在于让更多的学生超过自己。真实践行了陶行知的"先生创造学生，学生也创造先生，学生先生合作而创造出值得彼此崇拜之活人"的教育理念。

3. 强烈的成就需要

就心理需要而言，处于超越期的教师主要表现为自我实现的需要。他们希望充分

---

① 程振响主编：《教师职业生涯规划与发展设计》，南京师范大学出版社 2009 年版，第 111 页。
② 连榕编著：《教师职业生涯发展》，中国轻工业出版社 2010 年版，第 153 页。

发挥潜能,形成自己的特色;希望教学技能在原有基础上有更大的发展,成为同行中的佼佼者;希望得到领导和上级部门更多的褒扬和奖励,提高自己的美誉度和知名度;希望培养出更多更优秀的学生,等等。所以,他们总是用极高的标准要求自己并通过努力去达到这一标准,即使在不顺利的环境中,他们也会克服困难,努力达到目标。

4. 良好的心理调节能力

由于获得了较多的荣誉和较高的社会地位,处于这一阶段的教师在一定程度上受到各方面的期待和关注最多,这也在一定程度上增加了专家型教师的心理压力。但处于这一时期的教师一般都能正视这些压力,善于自我调节,始终保持一种积极向上的健康的心态。如邱学华老师就是凭着"你说你的,我干我的,要学会心理平衡";李吉林老师也是靠"一拒绝诱惑,二舍得割爱"的方法,守住了心灵的净土,把情境教学研究步步推向深入。

(二)教学策略和方法

1. 课时计划

与新手型教师相比,专家型教师的课时计划简洁、灵活,以学生为中心并具有预见性。其课时计划往往只突出讲课的主要步骤和教学内容,并未涉及一些细节。在备课时,专家型教师能够表现出一定的预见性,他们会在头脑中形成包括教学目标在内的课堂教学表象和心理表征,并且能预测执行计划时的情况。

2. 课堂控制

专家型教师有效的教学行为表现在对学生主体性的激活、对教学内容的匠心选取、对教学手段的合理运用和对教学情境的适度控制等。专家型教师有一套完善的维持学生注意力的方法,新手型教师则相对缺乏这种方法。有研究表明,专家型教师经常采用下述方法吸引学生的注意力:在课堂教学中运用不同的"技巧",如声音、动作及步伐的调节;预先计划好每天的工作任务,使学生一上课就开始注意和立刻参与所要求的活动;在一个活动转移到另一个活动或有重要的信息时,能提醒学生注意。

3. 课后评价

在课后评价时,专家型教师较少关注课堂中发生的细节,较多地谈论学生对新材料的理解情况和他们认为课堂中值得注意的活动,很少谈论课堂管理问题和自己的教学是否成功。

二、专家型教师职业规划的要点

进入职业超越期,标志着教师的职业生涯和专业发展进入了教育教学的最高阶段,可谓登上了顶峰。在这一阶段,将是教师个人教育智慧不断派生,教育艺术不断提高,教育生命迸发极大能量的时期。因此,在这一阶段,教师的职业规划主要表现为以下几点:

(一) 实现自我超越

教师职业生涯的超越不仅表现在知识、能力和人格特质上,更表现在不断追求自身专业发展水平新突破的创造性品质上。教师的专业成长是伴其职业生涯一生的过程,并在其与教育环境的互动过程中,不断调整价值取向,丰富专业知识技能,满足其自我实现的需要。

教师自身的专业成长就是一个不断超越教材、超越课程、超越自我的过程。首先,要坚持"用教材而不是教教材",要在尊重教材的基础上,把教材看作一种可以改造的客观存在,用专业的眼光审视和批判教材,准确地使用教材。其次,超越传统的课堂,使课堂充满活力。要在充分关注学生个体差异和学习需要的基础上,采取灵活多样的方式驾驭课堂。第三,也是最难以做到的一点就是超越自我。人生最大的敌人就是自我,攀越自我这座大山,不断追求高尚的精神境界和崇高的教育信念,乃是教师自我超越的最高境界。

（二）乐于教学科研

对于专家型教师来说,尽管工作多年,经验非常丰富,但随着时代的发展和教育实践的不断发展,教育教学中仍会不断涌现新的问题,提出新的挑战。如果故步自封,就会落伍于时代,甚至被时代所淘汰。因此专家型教师要想取得更大的成功,就需要深入钻研教育理论;学习和运用新的科学的教育理念;搜集与分析有关的教育研究资料;对以往的教育教学工作经验进行反思;对面临的各种教育问题进行观察和思考。很明显,这也是教师自我提高和成长的必经途径。陶行知先生说:"倘若当教师的,自己天天去研究,有所得的,即随时输之于学生,如此则学生受益较多,即当教师者也觉得有无穷的乐趣。"

（三）总结提升经验

及时总结、有效提升是专家型教师完善自我、攀登高峰的重要手段,也是示范带领、帮助提携青年教师的有效方法。对于专家型教师来说,非常重要的事情是将自己一生所积累的宝贵教学经验和专长传递下去。而要对自己的教育经验进行总结提升和成果推广,一方面可以通过著书立说,另一方面要尽可能广泛地在教育教学实践中运用长期积累的经验,以期将教育思想和智慧变为"现实的生产力"。[1]

---

[1] 程振响主编:《教师职业生涯规划与发展设计》,南京师范大学出版社 2009 年版,第 121 页。

规划只是一种设想,关键在于践行。实施职业生涯规划的第一步就是如何保住自己现有的工作,进而去实现自己理想的目标,取得职业生涯的成功。要保住工作就要养成良好的工作习惯,本编第六章将着重介绍对教师来讲非常重要的几种工作习惯:反思的习惯、终身学习的习惯、时间管理的习惯。一个人要取得职业生涯的成功往往离不开良好的人际关系,孟子曰:天时不如地利,地利不如人和,尤其教师这一影响人、培养人的工作更是如此,第七章将阐析教师工作中的几种重要人际关系,以及如何促进人际关系的改善和优化。因教师在职业生涯发展过程中还会遇到各种各样的压力,其中工作压力最为突出,第八章将分析教师工作压力的来源,工作倦怠的表现,以及教师应该如何应对工作压力和工作倦怠。

第三编

推进教师职业生涯发展的相关策略

第六章

职业生涯的利器
——教师良好工作习惯的培养

播种一种行为,收获一种习惯;播种一种习惯,收获一种性格;播种一种性格,收获一种命运。

——印度谚语

习惯对于一个人来说是终身相伴的,好习惯使人受益匪浅,坏习惯则是人一生的累赘。无数例子证明,成功的人和失败的人之间,一个重要的区别就在于他们的习惯。芝加哥大学的本杰明·布鲁姆博士(Dr. Benjamin Bloom)开展了一项对杰出学者、艺术家以及运动员的研究,前后长达 5 年之久。研究选取了各个领域中最杰出的 20 位成功人士进行访谈,其中涉及知名钢琴家、网球运动员、奥林匹克游泳冠军、雕塑家、数学家以及精神病专家等。本杰明和他的同事仔细研究采集到的信息,希望从中能够找出一点蛛丝马迹,以解释究竟是怎样的共同点使成功人士能有效开发自己的潜能,让他们和普通人区别开来。最终,他们的研究结果表明,不是天才和天赋造就了这些原本普通人士的非凡成就,而是坚韧不拔的好习惯,即不畏挫折与失败,并能在实践中不断地追求与完善。

　　作为知识的传授者,学生思想的启蒙者,个人价值观及世界观的塑造者,教师自身良好的素质和素养无疑是职业要求的基本要素,而良好的工作习惯恰恰是这一要求的必然要件。对教师而言,工作习惯更是代表了自己的一种教育生活方式,它会延伸到各种新的教育情境中,延续到各种教育环节中,直接影响教师职业素养的树立和培养。一名优秀的教师只有养成良好的职业习惯,才能有效地弥补先天性格在工作中的缺陷,保障教学的效果。好的习惯影响着教师的一生,好的习惯能够有效促进教师的专业成长,并成为优秀教师成功的基石。所以良好的工作习惯的养成是非常重要的。

第一节

保留一只眼睛看自己
——养成反思的习惯

宫本武藏是日本的一名著名剑手，他曾对急于成为世界一流剑手的徒弟柳生又寿郎说过："你的眼睛全都盯着第一流的剑手，哪里还有眼睛看自己呢？第一流剑手的先决条件，就是永远保留一只眼睛看自己。"宫本武藏的"保留一只眼睛看自己"，说的就是反思。

一、反思与教师的可持续发展

反思是一种可贵的思维方式，在反思中生活，才是智慧的、充满进取乐趣的、具有哲学意味的生活。正如卡希尔所说："认识自我乃是哲学探究的最高目标。"教师反思是指教师以自己的教学活动过程为思考对象，来对自己的行为、决策以及由此所产生的结果进行审视和分析的过程；也是教师对于教育实践进行理性选择的一种思维方式和态度，是一种通过提高教师的自我觉察水平来促进能力发展及专业成长的过程；也是教师直接探究和解决教学中的实践问题，不断追求教学实践合理性，进而全面发展的过程。

对于新手教师而言,不断进行自我反思,可以发现自身教学中存在的问题,对此展开研究,并通过学习补充相关的知识。另外,反思会使教师从新的角度认识和了解自我,会努力地寻找塑造自身的各种力量,使自己成为不断被塑造的人。可见,反思为教师提供了自我主动成长发展的机会,是教师职业可持续发展的基础。

对于在职业生涯中积累了一定经验的教师来说,这些经验可以成为教师从事教育教学的理论基础。但是如果没有反思,忽略这些教育教学经验所蕴含的基本原理,也很难将这些宝贵的经验升华为属于自己的教育理论。美国心理学家波斯纳在大量相关研究的基础上,提出了教师成长的公式:成长＝经验＋反思。相反,如果一个教师仅仅满足于获得经验而不对经验进行深入的思考,那么即使是有"20 年的教学经验,也许只是一年工作的 20 次重复;除非善于从经验反思中吸取教训,否则就不可能有什么改进。永远只能停留在一个新手型教师的水准上"。[①] 该公式说明,教师成长过程应该是一个总结经验、捕捉问题、反思实践的过程。这个过程可以帮助教师挖掘或梳理出经验中蕴含的原理,使经验升华为理论,从而建构起属于教师自己的理论体系。这个理论体系不仅支持教师的教育教学工作实践,还促进教师专业的提升和自我发展。

总之,在教师的职业生涯中,反思能力成为持续发展所必备的素质之一,教师需要具备敏锐的自我觉察能力,创造性地面对永远变化的环境和对象,不断探索和走向职业的新境界。

二、反思的内容

教师从事的教育教学活动是涉及面较多、较广的复杂性社会实践活动,这些活动与教师自身的知识、能力、态度和具体采取的行为、策略、方式方法紧密相连。可见,教师的反思是源于自我实践中暴露的问题,其目的是要改变现状,超越自我,使一切朝着

---

① 斯坦托姆,汪琛主编:《怎样成为优秀教师》,《国外教育动态》,1983 年第 1 期,第 16—18,8 页。

自己希望的、更好的方向发展。很多优秀的教师就是在这种反思中不断超越自我,逐步成长的。那么,教师应该反思什么呢?①

（一）教育观念的反思

观念是行动的灵魂,指导着行动,教育观念对教学行为起着指导和统帅的作用。综观优秀教师的成功案例,他们除了有着执着的追求、高尚的师德和精湛的教学艺术外,更有着比普通教育工作者更为超前的教育观念。

教师的反思首先表现为对教育观念的反思。对各种教育观念进行全面地分析比较,哪些观念要继续,哪些观念需要改进,哪些观念应该摒弃。一是运用新的教育理论来反思和检验自己已有教育观念的合理性和局限性,用批判者的眼光审视自己的教学行为,把自己外显的教学行为转为教学行为所隐含的教学目的和教学理念。二是教师也应以自己已有的教育理论来反思检验新的教育理论的科学性和合理性,比较分析各种教育理论的特点,对各种观念提出质疑,并在权衡各种对立或非对立的主张的基础上,选择正确的观念来指导自己的教育教学行为。

（二）教师角色的反思

教师担当的角色已呈现多样化趋势,现代教师不仅是知识的传授者、管理者,而且充当了学生发展的促进者的角色,所以教师要总结反思自身在教育实践中是充当了传道、授业、解惑者,还是承担了道德的引导者,思想的启迪者,心灵世界的开拓者的角色;在言行上是否体现出与学生的平等、合作与分享;教育教学活动中是否指导学生进行主动探究;是否把学生看作是教育教学中重要的资源而进行开发等。

---

① 常虎温编著:《我的未来我做主——教师职业生涯发展规划设计》,吉林大学出版社 2008 年版,第 117 页。

（三）教学过程的反思

在教学活动过程中，教学策略、方式方法是影响教学效果的重要因素，而策略、方式方法的选择与使用，实际上涉及教师的教学技能技巧，是教师教学能力的综合表现。在反思中教师需要思考：我习惯使用的教育教学方法和手段是什么，这些方式方法的效果如何；我在某一个环节中采用的方式方法的依据是什么；在遇到偶发事件时，我的处理方法是什么，效果如何，依据是什么；对整个教学过程整体感觉如何，同事、专家、学生等有何评价；自己最得意的环节是什么；我感到学生最感兴趣、受益最大的是什么；我准备如何改进等等。

（四）对教学效果的反思

对教学效果的反思，是指在教学活动结束后，教师对整个活动所取得的成效的价值判断，包括学生所获得的发展和教师自己的感受两个方面。前者主要反思学生能力的发展，学习方法的掌握，科学、人文价值的认识，以及理性精神的养成等诸方面。后者主要反思教师自己在教学活动中对教学内容和学生情况的了解程度的变化，个人教学经验的变化，实施有效教学能力的提升，教学思想观念的变化等。

（五）对个人经验的反思

这是教师对自己教学活动的持续不断的反思过程，是教师专业化成长的必由之路。对个人经验的反思有两个层面：一是反思自己日常教学经历，使之沉淀成为真正的经验；二是对经验进行解释、归纳和概括，提炼出其中的规律，使之成为有一定普适性的理论。

三、反思的途径与方式

教师职业生涯的规划与发展是一项复杂的动态的系统工程,在这个过程中养成自觉反思的习惯是尤为重要的。那么,在教学实践中教师如何培养自我反思的习惯?[①]

(一)在学习中反思

在学习中学会反思是教师养成教学反思习惯的首要前提。教师通过学习教育专家的先进教育理论、名师的实践经验、各类报刊及网上发布的新经验新信息,及时供给新鲜的"血液"与"能源",吸纳、借鉴、内化一些经验性、先进性或前瞻性的东西,与自身教学实际相碰撞,引发自身进行换位思考,萌发出一些新的思想、新的理念、新的想法、新的措施、新的技巧、新的点子等。每周写一篇学习反思日记,可以实现边学边思的成效,促使教师养成常想常思、常思常新的好习惯。

(二)在教学实践中反思

教学实践是教师反思的根本源泉,也是内化行为、深度思考、及时更新的好方法。若没有教学实践,反思也就成了无源之水、无本之木。实践与反思是共生的关系,实践反思贯穿于职业生涯规划实践的全过程,教学实践的过程就是反思的过程,也是教师逐渐培养反思习惯的过程。

1. 教学实践活动前的反思

教学实践活动前的反思是指教师在进行教学设计时的反思,包括对教学目标的叙写、教学材料的处理、教学行为的选择、教学组织的设计、教学方案的编制等进行反思。

---

① 宿仲瑞:让教育反思成为教师的良好习惯,http://www.kc100.com/html/xxx/20081220/3196.html

要求教师进行教学设计时,首先要对过去自己或他人的经验进行反思,使新的教学设计建立在对过去经验和教训进行总结的基础上,具有前瞻性。教师在比较反思中不断加深对教学内容的理解,形成独特的经验,增强教学设计的针对性。

2. 教学实践活动中的反思

教学实践活动中的反思主要指教师在进行教学时,能否根据教学情况及时反馈,能否灵活有效地控制、调节教学活动,对学生的参与、交往、达成状态进行反思。这种反思强调解决发生在课堂教学中的问题,可以改变老师的教学行为,使教学高质高效地进行,提升教师对教学调控和应变的能力。对教学活动进行反思时,应认真做好反思记录,如总结自己的成功做法、反思教学的失败或失误之处等。

3. 教学实践活动后的反思

教学实践活动后的反思具有批判性,是教师在课后对整个课堂教学行为过程的回忆,包括对教师的教学观念、教学行为、学生的表现以及对教学的成功、失败进行理性分析,努力实现在教学反思中学会教学、学会反省、学会探究问题。

在教师的教学实践活动中,充满了许多的故事,教师可以通过多种形式,如撰写教学日志、录像等,真实记录教学过程中发现的问题、个人的困惑和感受、教学技巧的运用和效果、对问题的认识和评价等。教学日志是培养反思性教学习惯的最佳途径。所谓教学日志是一种对教师自己的思想变化和行为变化的记录。写日志的过程是教师对自己经历过的事件进行思考与分析的过程,每天或每周记录教育中发生的关键事件,可以帮助教师梳理自己的教育经历,将教育教学反思与以后的教育实践相结合,从而进入更优化的教学活动。

语文特级教师于漪当年在执教《记一辆纺车》时有这样一个导入的情景:

老师:今天学习第十一课《记一辆纺车》。昨天我请大家预习了。现在说说看,你们喜欢这篇文章吗?

学生(异口同声地):我们不喜欢!(随堂听课的二十几位老师惊讶,于老师也感到意外)

老师:不喜欢?那就说说不喜欢的原因吧!谁先说?

……

针对这一教学"意外",于漪在教后记中进行这样的反思:"备课时考虑欠周密,原以为学生会喜欢散文,想由此激发兴趣,引入课文,未考虑到叙事散文与抒情散文的差异。课堂上发生了意料之外的情况,当即因势利导,先听取学生的意见,然后强调该篇散文的特点,培养学生学习的兴趣。对学生的实际应作充分了解和估计,不可再犯闭眼睛捉麻雀的毛病;要继续提高驾驭课堂教学的能力,力争做到运筹帷幄,成竹在胸。"由此可见,教师有必要对学生的反应予以深刻反思,如果总是以自我为中心进行教学反思,不但失去了反思的意义,而且对以后的教学也没有太多实际的指导作用。[①]

(三)在对话中反思

反思不仅仅是"闭门思过",与外界的沟通与交流更是教师教学反思的重要途径。教师与自我、教师与学生、教师与教师、教师与文本等之间的交流对话,能捕捉一些新的动态信息,带来一些新思维、新方法。与自我的对话是指教师自己对过去所沉淀的经验、历史、思想等的反思性理解,它使自我清醒地意识到现在存在的问题;与学生的对话可以使教师了解自己的行动和假设,检查自己的教学实践是否具有预期的意义,从而更好地塑造自己的行为,使之达到所希望的结果;与教师的对话是一种集体反思方式,它能使教师对实践中的问题有更明确的认识,正确理解问题的成因;与文本的对话是指教师阅读书籍和理论文献,在获得教育理论底蕴的同时,教师也不断地实现着自我理解、自我反思和持续发展。教师在与学生、与教师或专家等相互间的交流对话情景下进行即时反思,一定会碰撞出新的思维,使自己在职业生涯中走得更远。

(四)在发现中反思

观察发现是教师发现新问题、生发新创造的根基,没有发现就没有创新,没有创新

---

① http://www.233.com/teacher/fudao/20080814/101306108.html

也就没有新的发现和思考。教师应时时注意观察自身的教学现象与行为,或者处处留意学生的一举一动和学习与生活中的每一细节,在细微处寻找新的生长点,随之加以深刻反思,及时采取一些新的办法与措施,给我们的工作带来新的动力,生发新的创造,使我们的教育教学变得更加精彩,更富有人性,更能与孩子的心灵相通,从而创造出新的工作奇迹。

反思会在一定程度上打破现存的惯例和信念,是对自己过去的价值观及行为的否定,这对于成长中的个体来说是具有威胁性的。但反思与知识融合在一起,会使自己变得更加成熟,在这个过程中教师的教育智慧就会得以形成。与此同时,教师利用已有的教育智慧,在反思的过程中又不断发现新问题,解决新问题。反思形成了教师的教育智慧,教师的教育智慧又推动着教师的反思,在这种良性循环中,教师的职业得到不断发展。

第二节

不待扬鞭自奋蹄
——培养终身学习的习惯

古人云："学无止境。"近代著名教育家陶行知先生也主张"活到老,干到老,学到老,用到老"。联合国教科文组织在《终身教育的展望》一文中指出："学习和工作应该是人从生到死连续不断的过程";后来又在《学会生存》一书中指出："学习是一辈子都要面对的课题","生活与学习合而为一"。现代社会已不仅是知识社会、信息社会,更是学习型社会,所谓三年一代人,不学习就会被社会和时代淘汰。作为教师,更应该牢牢树立终身学习的理念,养成学习的习惯,乐观地享受学习,不放过每次吸取养料的机会,在学习中提高和完善自己。

一、终身学习与教师职业的可持续发展

终身学习理念的提出对职业生涯的发展产生了很大的影响,打破了传统"一次性教育可以解决终身教育问题"的观念,使职业生涯的可持续性发展成为可能。作为一种把学习贯穿于人的整个一生的思想,终身学习主张学习的连续性和一贯性。任何人的职业生涯都不

是一次性完成的,教师承担着开发高级的人类潜能和塑造新生代的重要责任,其职业生涯更是一个连续不断的发展过程,要使自身能够"保值"、"升值",只有通过不间断地学习,不断更新自身的知识结构,才能从容应对职业生涯中所遇到的各种变化与挑战。

和尚学艺

古时候有一个和尚学艺的故事:一个弟子认为自己十八般武艺都学会了,就找到师傅提出要下山。师傅取来一只木桶让他装满石头。做完后师傅问他:"装满了吗?"他自信地说:"装满了。"师傅又问:"能不能再往里面装一些沙子?"弟子便又装了一些沙子,而且特意添满了石头间的所有缝隙。于是走到师傅面前坚定地说:"这次真的装满了,不能再装任何东西了。"师傅舀了一大碗水,竟然又全部倒了进去。弟子满脸愧色,再不提下山之事。

随着当今世界科技的迅猛发展,人类正在进入知识经济时代和信息社会,人们接受一次性教育所拥有的知识已不足以终身享用。特别是作为一名教师,人们常说:"要想给学生一杯水,自己必须有一桶水。"而如今我国的教育理论和实践都在不断地更新,教师仅拥有"一桶水"已远远不够,教师应该是"一条奔腾不息的河流"。解决这一问题的最好方法就是通过学习来持续不断地更新和充实自己,建构可持续发展的职业生涯。

二、教师终身学习的途径

(一)工作与学习相结合

高尔基说过一句朴实的话,如果不想在世界上虚度自己的一生,那么就要学习一辈子。工作也是学习,学习是为了更好地工作。工作必须与学习密切结合,才能创造性地开展好自己的工作。教师本身是一个传授知识的职业,教学的过程也是自己学习的过程,应将每一项工作视为一个学习机会,把工作进程看成是学习过程,把工作中的反思看作是学习的机会,从工作中学习新技能、新方法,促进专业知识的增长。此外,将学习视为一项必要的工作,即学习工作化,对待学习也和对待工作一样,提出要求,进行规划、检查、考核。在工作与学习中,把由学习过程中获得的信息知识、技能转化为自己工作实践的行为,又能把实际工作中存在的不足当作课题来研究、学习,体现工作与学习的完美结合。

(二) 参加培训

教师培训是指到大学或者教师进修学院参加学历教育或继续教育培训,主要有两种形式:学历教育与各种类型的继续教育培训。教师成长是一个动态发展的过程,人接受教育是终身的,教师作为施教者更需要不断地学习新的理论及相关的思想。培训是教师队伍建设的保障性、基础性工程,对全面实施素质教育,全面提高教育质量和大力推进教育事业又好又快发展具有重要意义。尤其是随着新课程改革的深入推进和社会对教育水平、人才需求的要求与日俱增,教师遇到了许多新的挑战。为适应社会发展的客观要求,教师应根据自己的实际情况制订切实可行的培训计划,带着问题积极参加培训,增强学习的主动性,改进学习方法。同时,充分利用培训机构的教育资源丰富专业知识,获得更新的教育理念,提升自己的教育理论和实践水平。

(三) 通过网络学习

近年来随着信息技术的高度发展,网络学习成为教师专业发展的一种新平台,在这个平台上,新思想、新观点不断生成。其中,网络远程研修成为引领教师网络学习的重要形式,在培训中,学员、指导教师、专家之间的互动,形成了一个立体交流网。它是一种跨学校、跨地区的教师群体研修,是在网络环境下,以现代教育思想和学习理论为指导,充分发挥网络的各种教育功能和丰富的网络教育资源优势,向参与学习者提供一种网络研究和进修的环境,使学习者在视频收看、文本学习、作业与交流、简报阅读等过程中促进专业发展的一条有效途径。

教师可以通过培训平台的网上操作、个人博客的建设、利用邮箱等网络技术手段同课程团队和全国的教师交流沟通。在这个过程中,教师将自己的学习、反思成果展示在大家面前,作为研究素材供大家探讨学习,回过头来根据大家的评论对这个问题进行再思考,这会大大提高教师的专业认识水平。课程团队的专家、指导教师或班主任还分专题组织网上研讨,直接参与教师们的网上互动、交流,回答教师们的提问,指导并引领教师们的学习。

（四）通过阅读书籍资料学习

每一个成功者都是有着良好阅读习惯的人,阅读优秀书籍是最好的自我教育和自我完善。读教育名著,与大师对话,固然要学大师们的理论精髓和实践经验,但更重要的是学习他们不迷信权威的创新精神,学习他们不懈追求探索的人生境界和献身事业的人格力量。只有这样,才能把学习内容转化积淀为自己的综合素养和创造能力,才能提升自己和事业的境界。当前,教师学习的阅读载体虽然广泛而多变,但是阅读书籍资料仍然是教师学习的最主要的形式。前苏联教育学家苏霍姆林斯基在《给教师的一百条建议》中就曾建议青年教师们要每月买三本书:一是关于你所教的那门学科方面的科学问题的书;二是关于可以作为青年们的学习榜样的那些人物的生活和斗争事迹的书;三是关于人(特别是儿童、少年、男女青年)的心灵的书(即心理学方面的书)。这无非是让教师们养成爱读书的习惯。"腹有诗书气自华",读书是人一生当中最应该养成的一种重要习惯。致力于教育事业的人有了读书的习惯,才会树立起终身学习的意识,才会在工作中有披荆斩棘的能力,才能走得更远。①

---

① 战玉建,巴东新:《论教师的终身学习》,《河北旅游职业学院学报》,2008 年第 4 期,第 150 页。

名人小故事

　　杜鲁门是美国历史上著名的总统。他没有读过大学,曾经营农场,后来经营一间布店,经历过多次失败,当他最终担任政府职务时,已年过五旬。但他有一个好习惯,就是不断地阅读。多年的阅读,使杜鲁门的知识非常渊博。他一卷一卷地读《大不列颠百科全书》以及所有狄更斯和雨果的小说。此外,他还读过莎士比亚的所有戏剧和十四行诗等。

　　杜鲁门的广泛阅读和由此得到的丰富知识,使他能带领美国顺利度过第二次世界大战的结束时期,并使这个国家很快进入战后繁荣。他懂得书是成为一流领导人的基础。读书还使他在面对各种有争议的、棘手的问题时,能迅速做出正确的决定。

（五）通过教学考察与观摩学习

　　教学考察与观摩活动,是教师互相学习、交流的一条重要途径,也是促进教师成长的重要渠道。教师可以通过这种直观的学习方法借鉴和学习他人或他校的先进教育观念,开展教学研究,提高自身的专业水平。

　　在考察与观摩过程中要时刻把握机会,以一个旁观者的身份,客观、冷静地了解、剖析别人的教学活动,从而联系自我,更深刻地了解自己,促进自身的发展。另外,观摩别人的活动,记录是十分必要的,它能够帮助我们明确活动目标,理清活动环节,为活动后的评价提供线索,为以后的相关研究提供依据。在记录前全面地了解教学内容,教学目标,教学准备以及执教老师的基本情况;在记录时只记要点,及时思考,记录稍纵即逝的思想共鸣和碰撞,写下当时的感受;课后再进行整理、归纳、小结。如此,才能使观摩变得更有意义,更好地指导以后的工作开展。考察与观摩之后,对搜集的资料进行整理和分析,吸取其精华,找出可以借鉴的地方,结合教学实践活动灵活地运用与发展。

　　总之，教师职业是一个特别需要学习的职业，教师应充分认识到终身学习的重要性。并根据具体情况，充分利用可以学习的资源，通过不断地学习提高自身的素质，以促进教师职业生涯的持续与全面发展，真正实现自身与职业的双重发展。

时间都去哪儿了？
——培养时间管理的习惯

孔子曰："逝者如斯夫，不舍昼夜！"时间是世界上最短缺的资源，它不像经济资源能够"制造"或"存储"，它具有不可再生、无法蓄积、无可替代、无法失而复得等特性。人们无法根据自己的需要随意调配，只能善加管理，否则会一事无成。"时间管理"并不是简单地以时间为对象的管理活动，而是如何通过善用时间来管理自己，实质上就是自我管理。

时间管理是用技巧、技术和工具帮助人们完成工作、实现目标，其最重要的功能是透过事先的规划进行提醒与指引。时间管理并不是要把所有事情做完，而是更有效地运用时间，除了要决定该做些什么事情之外，也要决定什么事情不应该做。时间管理的核心是让我们合理地利用好时间，在适当的时间做适当的事情，将事情分轻重缓急依次进行。

一、教师进行时间管理的必要性

管理大师德鲁克（Peter Drucker）指出现代社会中

所有靠知识工作的人都是管理者,不同之处在于大部分人没有自己的下属,但这不意味着个人不再进行管理工作。因为每个人都有一个最重要的下属——自己的时间,大部分情况下,管理自己的时间就是管理自己的职业生涯。

时间管理在学校中逐渐受到重视,教师工作任务繁重,时间紧迫,多数老师的工作不是一天8小时制,常常要工作10小时以上。有些教师也很少把"时间"作为处理工作的首要因素来考虑,只是笼统地感到每天都在忙,但却不能准确地说出自己确切的工作时间,对工作效率和时间价值等问题思考得也比较少。因此时间管理对教师来讲尤其重要。

1. 时间管理有助于教师应对急剧变化的社会

随着科技进步、社会变化速度加剧,人们的生活方式不断改变,工作节奏加快,越来越觉得时间不够用,产生了时间的紧迫感和压力感。社会变化发展加快,教师作为一个社会人,必然要对这种变化发展作出应对,这就要求加强教师时间管理素养的培养,使其更有效地进行时间管理,以适应社会的变迁。

2. 时间管理有助于教师提高工作效率

无论组织或个人都必须不断地提高组织效能、个人效率,而提升效能最直接的方法就是进行有效的时间管理,在期限内高质量地完成既定的工作。过去学校教育对绩效观念不重视,而在讲究投资回报的今天,教育已经无法再"只问耕耘,不问收获"了。学校管理者要以"经营者"的头脑随时反思学校的发展目标,改进管理方法,提高运作效率。这必然也要求学校组织最直接的管理对象——教师在观念上提升对时间管理重要性的认识,在实际工作和生活中切实践行有效的时间管理,满足学校组织对其工作绩效日益提高的期待。

3. 时间管理有助于教师实现自身的发展

教师只有进行有效的时间管理,才能在有限的时间里分配和利用更多的时间去"充电",不断地学习新知识和技能,完善自己的知识体系,才能反思其教育实践,更快地实现自身的持续发展。

4. 时间管理有助于教师生活多样化

根据马斯洛需求层次理论,人不仅有生理上、安全上的这类基本需要,同时也有爱与归属的需要、尊重的需要和自我实现的需要。教师作为普通人,除了要靠工作满足基本需要外,还有爱情、亲情、友情等高级需要。因此,如何分配时间,做到各面兼顾,需要有效的时间管理。善于驾驭时间的教师可以更好地扮演各种社会角色,在学校出色地完成教学任务,按时回家承担相应的家庭责任,关爱家庭成员,使得生活方式丰富多彩,家庭美满幸福。这样有利于克服职业倦怠,提高教师的职业激情。

二、时间管理的措施

每个顶尖的成功者,都是时间管理的能手。每个成功的教师,也应当是时间管理的能手。对时间进行管理,提高教师的时间管理能力不是加重教师的工作负担,而是要引导教师有序、有效地工作和生活,从而提升教师的职业成就感和自信心,使教师为日后的发展储备必需的能量和资源,以实现教师的持续发展。

(一)计划自己的活动

有效时间管理的首要原则就是计划,它决定了所要达成的目标以及实现目标需要采取的行动。做事计划性强、严谨有序是收获成功的一个基本好习惯,也是教师工作性质所决定的必要工作作风。教师时间管理中最突出的问题就是计划性不强,许多教师习惯于按照学校的安排进行工作,没有自己的时间安排。有些教师虽然有工作计划,但计划的执行能力较差,这种无计划的、被动应对的工作方式往往会使教师每日陷入繁杂的事务性劳动中,被动地应付差事。不能预先计划,不能主动地处理事务,导致工作效率低下,身心疲惫。研究表明,不同年龄(教龄)、不同职称的教师在时间管理的计划性方面存在差异。对小学教师的研究发现,26岁至39岁的小学教师表现出较强的时间的计划性,这一年龄阶段,小学教师已经具有了一定的教育教学能力,对学生、教学内容、学校各项工作比较熟悉,明确工作目标,能够掌握工作程序,是个人发展比较快速的时期。对于工作的计划与对未来的规划,不同职称的小学教师之间存在着显著的差异。职称越高,工作的计划性越强,对未来发展目标的规划也越清晰;而职称较低的教师的时间管理的计划性较差。

管理时间除了具有一定的计划性外还要讲弹性,一般来说,要将大部分时间计划好,还要留出一定的时间作为灵活时间,用来应对各种无法预期的事情。

如何当时间的主人?

假如一天的时间像是一块大馅饼,你的馅饼里头包着什么馅呢? 请你画出一个圆圈当馅饼,然后,从馅饼的圆心向圆周画半径,把你一天所做的活动,按比例画出每项活动所占的时间,然后自我评估:你满意你的时间馅饼所包的馅吗? 有哪些活动要增加时间呢? 有哪些活动要减少时间呢? 或者是不再出现某一种活动而增加某一种活动? 为你的理想的时间画一张蓝图,两者比较之下,你是否发现你在意什么? 在你的生活中有什么事被你列为有价值的? 为了你的理想,你是否愿意成为时间的主人呢? 你要如何去做,才能达到你的理想时间的分配情形? 列出你应该改善与保持的项目,而两张图所描述得越详细越好,越真实越佳,如此你才能够真正地对你的时间分配做一番审视,明确你的时间到底是浪费在哪里,从而对时间做更有效地利用。

麦肯锡 30 秒电梯理论

麦肯锡公司曾经得到过一次沉痛的教训:该公司曾经为一家重要的大客户做咨询。咨询结束的时候,麦肯锡的项目负责人在电梯间里遇见了对方的董事长,该董事长问麦肯锡的项目负责人:"你能不能说一下现在的结果呢?"由于该项目负责人没有准备,而且即使有准备,也无法在电梯从 30 层到 1 层的 30 秒钟内把结果说清楚。最终,麦肯锡失去了这一重要客户。从此,麦肯锡要求公司员工凡事要在最短的时间内把结果表达清楚,凡事要直奔主题、直奔结果。麦肯锡认为,一般情况下人们最多记得住一二三,记不住四五六,所以凡事要归纳在 3 条以内。这就是如今在商界流传甚广的"30 秒钟电梯理论"或称"电梯演讲"。

（二）区分重要的事

　　分清事情的轻重缓急是时间管理最关键的技巧。其中，重要的一点是要把握一日中精力最充沛的时间，把一天中最优先的一两项工作安排在精力最充沛的时候去做，然后再做次要的工作。教师每一天的教学任务和班务管理事情很多，如：备课、上课、批改作业、教学科研及应对各种检查等。我们可以先把各项工作按重要性进行分类，把主要时间和精力用来处理重要且比较急迫的事情，不要为不重要且不急迫的事情投入太多的时间。如：可以把 60% 的时间用于处理重要事情，20% 的时间用来处理一般事情，将其余 20% 的时间作为弹性时间运用。这样就抓住了主要矛盾从而确保各项工作的顺利完成。据说查尔斯·史瓦在半世纪前担任伯利恒钢铁公司总裁期间，曾经向管理顾问李爱菲提出这样一个不寻常的挑战："请告诉我如何能在办公时间内做妥更多的事，我将支付给你任意的顾问费。"李爱菲于是递了一张纸给他，并向他说"写下你明天必须做的最重要的各项工作，先从最重要的那一项工作做起，并持续地做下去，直到完成该项工作为止。重新检查你的办事次序，然后着手进行第二项重要的工作。倘若任何一项着手进行的工作花掉你整天的时间，也不用担心。只要手中的工作是最重要的，则坚持做下去。"数星期后，史瓦寄了一张面额两万伍仟美元的支票给李爱菲，并附言她确实已为他上了十分珍贵的一课。伯利恒后来之所以能够跃升为世界最大的独立钢铁制造者，可能就是因为李爱菲的那数句箴言。

农夫的故事

　　农夫早上起来，对妻子说要去耕地了。可是当他走到要耕的那片地时，发现耕地的机器需要加油了，农夫就准备去加油。可是刚想到机器加油，就想起家里的四五头猪早上还没喂。这机器没油就是不工作，猪没喂，也就是没吃饱可是要饿瘦了。农夫决定先回家喂猪。当他经过仓库的时候，农夫看到几只土豆，一下子想到自家的土豆地可能要发芽了,应该去看看。农夫就朝土豆地走去。半路经过了木柴堆,想起来妻子提醒了几次,家里的木柴要用完了,需要抱一些木柴回去。当他刚走近木柴堆,农夫发现有只鸡躺在地下,他认出来这是自己家的鸡,原来是脚受伤了……就这样,农夫一大早就出门了,直到太阳落山才回来,忙了一天,晕头转向,结果呢? 猪也没喂,油也没加,最重要的是,地也没耕。

著名管理学家史蒂芬·柯维(Stephen Covey)提出了一个时间管理的理论——时间"四象限"法,把工作按照重要和急迫两个不同的程度进行了划分,如下图所示。对于重要又急迫的事应该马上去做;对重要但不急迫的事,只要是没有特别紧急的事,就

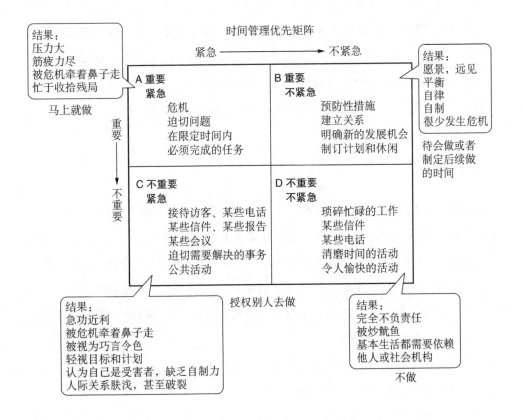

174

应该把它当成紧急的事去做，而不是拖延；不重要但急迫的事情，想一想是不是真的要做，其实，许多看似很紧急的事，拖一拖，甚至不办，也无关大局；不重要又不急迫的事就可以不做，有闲工夫再说。

帕累托原则

帕累托(Vilfredo Pareto, 1848－1923)，意大利经济学家、社会学家，洛桑学派的主要代表人之一，以无差别曲线理论为基础的"选择行动理论"创始人。"帕累托法则"是世人普遍接受的一个行动法则，别名亦称为"80/20 法则"。依据这个法则可以把事物分作二八成。其核心内容是生活中 80％的结果几乎源于 20％的活动。比如，是那20％的员工给你带来了 80％的业绩，可能创造了 80％的利润，世界上 80％的财富是被20％的人掌握着，世界上 80％的人只分享了 20％的财富。这条法则可以适用于各方面。例如，一天使用八小时工作的话，那么，能够有出色工作成绩的时间只占这八小时中的两成。若是十小时的话，最出色工作成绩的时间就是两小时。

（三）学会列清单

每天花一点时间，整理当前的教学工作，然后把要做的每一件事情都写下来，列一张总清单，不要轻信自己可以用脑子把每件事情都记住，这样可以随时明确自己手头上的任务，做到今日事今日毕。并根据日常工作的安排不断地调整和修改清单。如：

1. 将年度目标切割成季度目标，列出清单，每一季度要做哪一些事情；

2. 将季度目标切割成月目标，并在每月初重新再列一遍，遇到有突发事件而更改目标的情形时及时调整过来；

3. 每一个星期天，把下周要完成的每件事列出来；

4. 每天晚上把第二天要做的事情列出来。

建立清单的方法之一是把清单放在台历或者录入电脑中，可以保证以最短的间隔来记录工作任务。另一个方法是通过一个便携式笔记本来记录平时的工作任务,其他任何需要完成的事情也可以记录在便携本上。

(四)利用零散时间

零散时间是经常被人们忽视的时间,如等车的时间、行走的时间、睡前的时间等。如果把人的一生零散时间加起来将是一笔巨大的财富。如在坐公交车上班的时候背外语;在出差的火车上构思论文;利用晚上喝茶的时候,相互交流心得,启发思考。一个高效的人无论是在工作还是在生活中都会充分利用这些零散时间。教师可随时带点资料以便零散时间阅读,随时记录思考的火花。切不可轻视对零散时间的利用。

时间管理的培训游戏

这是引自中国台湾地区的一个十分经典的培训游戏,只有你亲自去做,才能够有更加深刻的体会。

假如现在你个人的生命处于0～100岁之间,接下来我们来玩一个游戏。

请准备一张长条纸,用笔将它划成10份(刚好每一份代表生命中的10年,分别写上10、20等,最左边的空余部分写上"生"字,最右边的空余部分写上"死"字)。

下面给大家出几个问题,请大家按要求去做:

第一个问题:请问你现在几岁?(然后把相应的部分从前面撕掉)

过去的生命是再也回不来了!请彻底撕干净!

第二个问题:请问你想活到几岁?(如果不想活到100岁的话就从后面把那部分撕掉)

第三个问题:请问你想几岁退休?(请把相应的退休以后的部分从后面撕下来,不用撕碎,放在桌子上)

就剩这么长了,这是你可以用来工作的时间。

第四个问题：请问一天 24 小时你会如何分配？

一般人通常是睡觉 8 小时（有人还不止呢！）占了 1/3；吃饭、休息、聊天、摸鱼、看电视、游玩等又占了 1/3；其实真正可以工作有生产力的时间约为 8 小时，只剩 1/3。

所以请将剩下来的折成三等份，并把 2/3 撕下来，放在桌子上。

第五个问题：比比看。

请用左手拿起剩下的 1/3，用右手把退休那一段和刚才撕下的 2/3 加在一起，并请思考一下你要用左手的 1/3 工作赚钱，提供自己另外 2/3 的吃喝玩乐及退休后的生活。

第六个问题：想一想。

你要赚多少钱、存多少钱才能养活自己上述的日子，这还不包括给父母、子女、配偶的。

第七个问题：请问你现在有何感想？

第八个问题：请问你会如何看待你的未来？

这个游戏，你按要求做完了吗？ 你有什么感想？

http://bbs.vsharing.com/Management/HRM/689190-1.html

视窗 6-1

时间管理个人诊断表

1. 今天做了哪些有意义的事？

2. 今天有哪些事情是在适当的时间内做的？

3. 今天有哪些事情是在不适当的时间内做的？ 为什么在不适当的时间做了这些事情？

4. 今天在哪一段时间着手进行最重要的工作？ 为什么在这段时间做这份工作？ 这工作是否可以提早进行？

5. 今天最有效率的是哪段时间？ 为什么这段时间最有效率？

6. 今天最没有效率的是哪一段时间？ 为什么这段时间最没有效率？

7. 今天工作中最大的干扰是什么？ 为什么产生干扰？ 干扰是否可以控制或排除？

8. 今天最严重的三个时间陷阱是什么？以后有无可能抑制这些陷阱？

9. 今天做了哪些不必要的事？

10. 今天做了哪些不需要亲自动手的事？

11. 今天花费了多少时间做重要的事？

12. 今天花费了多少时间做不重要的事？

13. 今天有哪些事情本来应花费更多的时间去做？

14. 今天有哪些事情本来可以花费较少的时间去做而不至于降低效果？

15. 从明天开始,应该怎样做才能改进时间的效果？

第七章

小圈子里的大世界
——教师人际关系的改善与优化

　　人是一切社会关系的总和。无论你从事什么职业，承担着怎样的社会身份，拥有良好的沟通能力，与周围的人们保持着健康和谐的人际关系都是让你拥有幸福生活的一种必要的保障。作为教师，在日常生活中要不断地与学生、学生家长、学校领导、同事等许多人打交道。因此，能够与周围的人们保持良好、顺畅的沟通，建立积极的人际关系就成了教师完成工作，获得幸福生活的关键。

第一节

谁在我的身边?
——教师人际关系的概述

和谐的人际关系对每个人来讲都至关重要,因为它不但影响着人们的生活质量以及工作和学习的绩效,还是衡量个体心理健康水平的主要标准之一。从日常工作的人际交往对象上来看,教师最重要的交往对象莫过于学生、家长、同事及领导这四类人。对于家人而言,虽然对教师同样重要,但是与家人的相处是每个人都必须面对和处理好的重要任务,并非教师这一职业独特的交际对象,所以我们在这里主要来讨论教师与学生、学生家长、同事和领导的人际关系。

一、人际关系概述

(一) 人际关系的涵义

社会学将人际关系定义为人们在生产或生活活动过程中所建立的一种社会关系。心理学将人际关系定义为人与人在交往中建立的直接的心理上的联系。人作为一个社会成员生活在社会环境中,每个人都要与周围的人建立各种各样的关系,例如亲子关系、兄弟姐妹关系、夫妻关系、婆媳关系、朋友关系、师生关系、同事关系、上下级关系等。

（二）人际关系在职业生涯中的意义

在现代社会中，人与人之间的合作与联系变得日益紧密。我们身处在人际关系的大网中，如何建立和保持良好的人际关系，对提升个人竞争实力，取得事业成功，实现个人价值都有着十分重要的意义。

首先，良好的人际关系有利于营造愉悦的工作气氛，使单位充满活力和生机，不仅提高了工作效率，而且可以让工作中的人心情舒畅。在 IBM，每个人都在努力缩短人与人之间的距离，创造一个良好的人际关系。小托马斯·沃森曾经说过，"没有任何事情能够代替良好的人际关系以及这种关系所带来的高昂的士气和干劲……良好的人际关系说起来很容易。我认为，真正的经验就是，你必须始终坚持全力以赴地塑造这种良好关系，此外，更重要的是，所有人必须形成一种团结的力量。"①

其次，良好的人际关系是求职成功的重要保证。根据美国国际人力资源管理协会与《华尔街日报》共同针对人力资源主管与求职者所进行的一项调查显示：高达 95％的人是通过自己的人脉关系找到了适合的人才或工作，同时有 61％的人力资源主管及 78％的求职者认为利用人脉才是最有效的方式。② 人际关系有多广，信息就有多广。近期，中国人力资源开发网对二百多名职业人士以及人力资源从业者进行调查后发现，有近一半的人认为在试图寻找新的工作机会时，朋友会是其依靠的首选人脉关系，而猎头与上司的推荐也是重要的方式。朋友是求职第一人脉，通过朋友介绍比你自己直接应聘进入公司有一些天然的优势，比如事先对这个公司有一定的了解，而且当进入公司的时候会更容易受到重视。另外还发现，处于职业初期的人通常多依靠亲戚、朋友的推荐，而对处于职业成熟期的人而言更多地会通过上司、同事和朋友的

---

① http://www.ce.cn/books/jhsz/szlz/wszyxt/lz/200411/24/t20041124_2381264.btk
② http://www.chinahrd.net/career/info/118670

举荐。

再次,良好的人际关系是职业可持续发展的重要因素。职业的成功除了个人的能力和业绩外,人际关系是一个重要的因素。值得一提的是,人际关系好,固然不一定保证职业生涯就会发展;可是,如果人际关系不好,职业生涯肯定难以有美好的发展。当个人在工作和生活中遇到困难和问题时,或者当自己的职业发展遇到瓶颈的时候,周边的领导和同事能否主动地帮你分析,给出合理化的意见和建议,这主要取决于是否具有良好的人际关系。反观那些成功的企业家、职场精英,也无一不重视经营自己的人际关系,人际关系的重要性和价值在现代商业社会中显露无遗。

所以,人际关系是职业生涯发展的必要条件,因为不论我们具备多高的专业技能,都必须先建立良好的人际关系,才能促进职业生涯的积极发展。

二、教师与学生的关系

教师与学生之间的关系永远是一名职业教师最主要的人际关系,是教师在工作中所要处理的最主要、花费时间和精力最多的人际关系。师生关系也是学校中最基本、最重要的关系。师生关系如何,决定着教师的工作效果。古人云:"亲其师,信其道。"学生喜欢上自己喜爱或崇拜的教师的课,而不喜欢上不尊重自己的教师的课;学生愿意为他们所喜欢的教师而努力学习,而拒绝为他们不喜欢的教师学习;学生喜欢某位教师,他们往往更容易接受该教师的教育。学生对老师个人的偏好程度直接影响了他们对学习的热情。

(一) 良好师生关系的建立

俗话说:"良好的开端是成功的一半。"建立良好的师生关系首先要给学生一个良好的第一印象,使得师生关系有一个良好的开端,从而为今后的交往打下坚实的基础。

心理学中的首因效应可以用来指导良好师生关系的建立。首因效应就是我们通常所说的第一印象,是第一次见面时获得的印象在对他人的印象形成中起重要作用的现象。实验证明,这种第一印象不仅不易消退,而且还会对他人的社会知觉产生较强的影响,会左右对后来获得的新信息的解释。由于学生的心智尚未成熟,他们经常会因为对教师第一印象的好坏轻易地映射到对这门功课的喜好中去,表现出较强的情绪化。教师在与学生初次接触时,要力争给学生留下良好的第一印象。这样能缩短师生之间的距离,得到学生的信任,为形成融洽的师生关系、为以后实施有效的教育奠定基础。为此,我们要注意做好以下几方面的印象管理。

第一,见好第一次面。教师与学生第一次见面,要事先做好充分准备。不仅要注意为人师表应有的风度、形象,而更要表现出对学生的热情、关心和体贴,与学生建立情感上的联系。第一次见面不要急于建立威信,否则可能使得具有反抗心理的学生对新来的教师产生反感。较为适当的做法应当是力求一开始就提供给学生最佳信息,留给学生亲切、和蔼、关心和热爱他们的良好印象,力求一开始就让学生觉得"这位老师是我们的知心朋友"。

第二,讲好第一次课。第一次课,教师必须充分做好准备,不但在教材上做好准备,还须在课堂语言、表情、方法等方面做好准备,要力求留给学生热心教学,知识渊博,有教学艺术等良好印象。第一次课的成功不仅对教师本人有重要的作用,同样会给学生带来对这门课程良好的第一印象,影响学生今后对这门课程的学习。

第三,开好第一次班会。第一次班会给学生的印象很是深刻,教师需要对班会进行组织,这会影响学生对班主任在班级中的掌控能力的整体评价。

(二) 良好师生关系的维护与发展

教师与学生之间的关系是长期的,它会延续许多年,甚至在学生离开学校后仍然会有很深远的影响。因此建立良好的师生关系无论对教师还是学生都具有重要的意义,良好师生关系的维护和发展需要注意以下几个方面。

1. 教师要关心与爱护学生

爱心是和谐师生关系的基础。教师的爱来源于对学生深刻的认识和了解。知之深，才能爱之切。学生年龄虽小，但也有着同成年人一样的情感世界：懂得快乐与痛苦、羞愧与恐惧，有自尊心和荣誉感。教师对学生应多一点耐心，少一点急躁；多一些宽容，少一些指责。当然，教师的爱绝不是让学生放任自流，一味迁就，而是爱中有严，严而有度。严父型也好，慈母型也好，良师也好，益友也好，都必须以爱为前提。教师的爱是一种责任，因为爱，才会有师生情感的共鸣。

2. 教师要尊重与欣赏学生

尽管师生关系是平等的，但在教学过程中教师仍然处于比较强势的地位上，在这个过程中教师一定要保持谦虚的态度。对学生持有权威的态度只能使得学生对教师产生抵触情绪，阻碍师生关系的维持和发展。与学生保持平等的姿态，特别是在人格上的平等才能与学生进行较好地交流与沟通。承认学生人格的独立性，绝不侮辱谩骂，批评教育对事不对人，沟通时绝不盛气凌人，努力保持谦和的态度。只有这样才能缩短老师与学生之间的心理距离，使学生可以像对待自己的朋友一般处理与教师的关系，减少学生对教师的抵触情绪。

另一方面，这种对学生的尊重同样是教师在维护师生关系中诚意的体现，是向学生表达真诚的良好方式。教师对学生的教育，从动机上来看一定是善意的，目的是为了引导学生们向着正确的方向发展。但是作为学生可能并不了解，因此，保持对学生以诚相待，实情相告，保持对人的坦荡心胸，假以时日，随着学生对老师真诚态度的认识，自然会提高对老师的信任，以一种积极的认知方式析解老师对学生的各种教导，使得师生关系逐渐步入一种良性的循环过程中。

陶行知先生曾说过："教师的成功是创造出值得自己崇拜的人，先生之最大的快乐，创造了值得彼此崇拜之活人。"这个观点是值得我们教育工作者细细品味的。现实生活中有些教师，总以成为学生心中的偶像为荣，总是摆着高高的架子，让学生敬而远之。其实，这种刻意而为，是不利于良好师生关系的建立的。试想，让学生敬畏，让学生仰视，学生又怎会向你倾吐内心，又怎会使你真正地了解他们。没有了解，谈何教育？每个学生都是一个富有个性特点的个体，身上多多少少都会有闪光的地方。而这些闪光点，不是教师所恩赐的，教师仅仅是起到挖掘、培养、塑造的作用。既然老师能成为学生的崇拜对象，学生也应该能被老师所欣赏。很有可能哪一天，你的学生就会成为一位不仅让你崇拜甚至于让世人崇拜的人。应该说，每一名未成年的孩子，都潜藏着这种可能性。感觉到被欣赏，学生就会从老师身上找到知己的感觉。

课堂互动中的实际策略

1. 教师通过眼神与学生进行交流。当教师讲课时，通过环视整个教室或者自由地在教室里走动，与学生进行眼神交流。

2. 上课时，教师的走动要具有明确的目的，尽量接近每一个学生。要确保教室内部的布置允许师生能够进行直接的交流。

3. 谁提出的见解和想法就冠以谁的名字。例如，在一次讨论中，教师就可能这样说："约翰对玛丽的观点进行了创造性的补充，通过……"

4. 允许并且鼓励所有的学生参与课堂讨论和互动。要把关注的重心放到那些不经常参与讨论发言的学生身上。

5. 当学生回答问题时提供一定的等待时间，给他们以思考的机会，而不管他们过去的成绩如何以及教师对他们的能力的感觉如何。

赫静：《美国学者谈构建有效师生关系的特征》，

《基础教育参考》，2004 年第 5 期，第 19—21 页

3. 教师要有民主平等的工作作风

虽然教师和学生在教育过程中的角色、地位和知识水平等方面存在着差异，但在科学真理面前，师生之间无论在政治上，还是在人格上都是平等的。教师尊重学生的人格，发扬教学民主，并不意味着削弱权威，反而还会有助于教师创造性和主导作用的发挥。民主平等是建立良好师生关系的基本要求。民主与平等还要求教师在集体场

合中成长资源的平等分享。它不是简单的"一碗水端平"的观念，而是包括人格上的平等、发展潜质上的引领以及随时可以对话的机会。

4. 教师要不断学习，与时俱进

教师作为教育者，不仅仅是要教授专业知识，更多的是要引导学生向正确的方向发展。因此，教师一定要不断学习，与时俱进。首先从教学内容来讲，现有的教材已经有了很大的改变，信息含量以及与现实的拟合程度逐年提高，教材在形式上更加生动多样，更容易理解，信息含量更丰富。教师只有不断学习才能跟上时代的步伐。其次从教学手段和技术来讲，将学生所了解的感兴趣的新技术合理地利用到教学中去，既可以引发学生的兴趣，也可以补充教师知识体系上的不足，提高工作效率。再次，从师生关系来讲，对于学生们层出不穷的各种潮流，教师虽然不需要全部掌握，但了解学生们的新的行为习惯和学生们所接触的各种文化产品对于了解学生心理动向，拉近师生之间的关系是有很大帮助的。学生往往喜欢幽默、和蔼、知识丰富、多才多艺、兴趣广泛、妆扮时尚、热爱生活、懂得网语、会使用 QQ、能感动自己的老师。从消极的方面说，作为一名新时代的教师，做到与时俱进已经不是一种教学工作之外的要求，而是一种不被学生排斥的保障。而从积极的层面讲，与学生共同进步，互通有无同样也是帮助教师进步的途径之一。

2010 年，被学生亲切地称为"根叔"的李培根，因自撰 2 000 多字的演讲稿《记忆》，在该校 2010 届本科生毕业典礼上把国家大事、学校大事、身边人物、网络热词等融合在一起，在社会上掀起一股"根叔旋风"。上海交大校长张杰引用本校学生才能懂的俗语"一同在 BBS 上'潜水、冒泡'，一起参加送别晚会，一起看《交大那些事》，一同拨过'饿了么'的外卖电话"迅速拉近了与数千学生的关系，学生称之为"杰哥"，送给他"V5"（注：意为杰哥威武）徽章。

亲爱的同学们，你们一定记住了"俯卧撑"、"躲猫猫"、"喝开水"，从热闹和愚蠢中，你们记忆了正义；你们记住了"打酱油"和"妈妈喊你回家吃饭"，从麻木和好笑中，你们记住了责任和良知；你们一定记住了姐的狂放，哥的犀利……什么是母校？就是那个你一天骂它八遍却不许别人骂的地方。

……

亲爱的同学们,也许你们难以有那么多的记忆。如果问你们关于一个字的记忆,那一定是"被"。我知道,你们不喜欢"被就业"、"被坚强",那就挺直你们的脊梁,挺起你们的胸膛,自己去就业,坚强而勇敢地到社会中去闯荡。

亲爱的同学们,也许你们难以有那么多的记忆,也许你们很快就会忘记根叔的唠叨与琐细。尽管你们不喜欢"被",根叔还是想强加给你们一个"被":你们的未来"被"华中大记忆!

——华中科技大学校长李培根 2010 届毕业典礼致辞《记忆》摘选

"看到校园风驰而过的外卖车,我知道,也许饭堂的饭菜还不够给力;看到你们把《非诚勿扰》搬进校园,我知道,也许华工的男女生还未达到最佳比例。"

——华南理工大学校长李元元 2011 届毕业典礼致辞《向幸福前行》摘选

三次班会

十二年前,我开了个精彩的主题班会。

"有个孩子到饭店,用父母的血汗钱点了一大桌子菜,可他守着不吃不喝。服务员劝,父母劝,谁劝也不吃!饿着肚子离去。请评议。"

"傻瓜——"学生们哄笑。

我不动声色:"这孩子买了车票,却不上车,跟着跑。"

"傻瓜——"学生们大笑。

我也笑了:"他买了新衣,撕成一条条扔掉。"

"傻瓜——"学生大乐。

一切尽在掌握之中,我做出沉痛状:"有个孩子,将父母辛辛苦苦挣来的钱交了学费,买来书本,却整天胡打乱闹,不好好学习,浪费时间。"

"傻——瓜!"同学们回答得很沉重。

我脸上"苦大仇深",心里却乐开了花。

六年前。我踌躇满志地将这个主题班会搬进了同样年级的学生班里。

"有个孩子点了一桌子菜,可守着不吃不喝,饿着肚子离开。请评议。"

"减肥呗——"学生们不感兴趣。

我扶扶眼镜:"他买了车票,却不上车,跟着跑。"

"锻炼呗——"懒洋洋地回答。

我勉强笑笑:"买了新装,撕成一条条扔掉。"

"烦呗——"有气无力地回答。

我不再迂回,直奔主题:"交了学费,买来书本,不好好学习,整天胡打乱闹。请评议。"

"¥~&＊"似是而非的回答。

"什么意思?"我指名经常不交作业的张朋作答。

"可能想当大款,或歌手,嘿嘿。"张朋挠着头皮……

今天,我怀着异样的心情,又开了这个同样主题的班会。

"有个孩子点了一桌子菜,可守着不吃不喝,饿着肚子离开。请评议。"

"派儿——"学生们兴奋起来。

我扶扶眼镜:"他买了车票,却不上车,跟着跑。"

"帅呆——"学生们手舞足蹈。

"买了名牌服装,撕成一条条扔掉。"

"哇噻——酷毙啦!"学生拍桌子擂凳子。

我晕。干脆直接点题:"交了学费,买来书本,不好好学习,整天胡打乱闹……"

"耶——新新人类!"异口同声地回答。

王立腾:《三次班会》,《重庆晚报》,2009 年 6 月 25 日

三、教师与学生家长的关系

在原则上，教师与家长本属于同一个阵营，他们的目的都是利用一切可能的途径和手段给孩子们更好的教育。教师应该与家长密切配合，有意识地形成积极向上的教育合力，为共同的目标而努力，发挥出富有成效的综合教育的作用。但是在具体的教育策略、教育方法这些问题上却可能存在很多的差异，甚至有着强烈的冲突。因此，保持基本立场的统一，保证出发点一致是保证成功地实施教育的前提。为了实现这一目标，教师与学生家长之间应该利用多种途径保持顺畅的沟通。

（一）教师与学生家长沟通的方式

教师与学生家长的沟通可以有两种方式，个别方式和集体方式。

1. 个别方式

个别方式是一对一的沟通，包括电话、家访、约谈、家校联系手册等。电话、家访、约谈等都属于口头的沟通，是当前学校联系的主要方式，其优点是可以快速传递和快速反馈，是建立联系，传递信息的最快捷、最直接的通道，而且沟通中可以直接感知对方的体态语言和语调，起着补充言语信息的作用。但这种方法需要耗费大量的时间和精力，效率不高，因此几近流于形式。家校联系手册则属于书面沟通，它的特点是可以保存，反复查阅，但缺乏情感信息，双方理解可能有误，易造成曲解，难以满足家校合作中信息沟通多样性的需求。

近年来电脑技术、网络技术的迅猛发展，给家校合作提供了有利条件，如电子邮件、MSN 或 QQ 等，利用这些现代电子信息手段，以最容易的方式把家庭和学校双方融入到现代教育中，实现家校教育合作和教育信息化，它将是未来家校合作的发展方向。

另外，一些软件开发商在 OICQ 的基础上开发的类似"校园 ICQ"等软件，再比如类似"家校 e"信息平台、"校讯通"平台系统、教育一网通等软件提供了强大的家校互动功能。家长只要通过任何一台可连入 Internet 的计算机或者注册过的手机就可以进入这些系统,查询孩子在学校的各项表现,及时获取教师的留言和通知,同时可以把孩子在家庭的表现和自己的想法及时反馈给教师。如果家长的工作比较繁忙,无法及时浏览各类信息,可以选择这些平台系统提供的短信通知功能,系统就会自动把教师的各类留言、学生的在校表现和历次考试成绩等信息自动发送到家长的手机上,无论你身在何处都可以及时掌握孩子的在校情况。

2. 集体方式

集体沟通方式主要包括家长会、家长开放日等。如请家长到学校听课,向家长讲授最新的教育动态、政策,汇报学校的教育教学工作情况;介绍学生在校生活、学习情况;家长和教师举行座谈,沟通情况,交流家教经验和体会,针对家庭教育存在的诸多弊端,指导家长改进家教方法,让各位家长懂得如何更好地和自己的孩子相处;请家长给学校留下意见、建议等。这些方式可以有利于促进家长与家长间、家长与教师间的情感交流。

我的家校联系小报

我萌生了一个大胆的构想:办一份独具特色的家校联系小报,将学生们每月的表现情况以一种轻松、活泼的形式记载下来,还可适当地把学校的要求一一呈现出来,让老师走近家长,让家长了解学校,家校之间通过这种有趣的方式进行交流与沟通,岂不两全其美?

主意一定,我立即开始构思、酝酿,并简单地着手准备。2000 年 3 月 1 日,我终于推出了首次由班主任主编、排版、撰稿为一身的家校联系小报——《景行小学 98—5 班学生在校情况一览表》。当飘着油墨芳香的小报印刷出来后,我激动的心情难以言表,因为这份《一览表》中凝聚了我全部的爱与心血。

这份当时还尚属雏形的家校小报,我定在每月的 1 号定期出版(即 3 月 1 日出版,反映学生 2 月份的在校情况,以此类推,寒暑假暂停,其余时间均"风雨无阻")。内容包含这几个版块:1.《老师写给家长的话》(即向家长反映班级里的情况、学校的要求、老师需家长配合的方面等)2.《报喜》(即汇报集体的获奖情况,学习、纪律等各项活动中学生们突出的表现)3.《报忧》(将班上存在的一些不良现象提出来警示一下)4.《感谢尽职尽责的家长》(殊不知,咱们的家长也像孩童般天真,得到老师的表扬和夸奖也会兴奋好几天呢! 尤其还上了班级家校小报,人人都瞅见,心里早乐开了花。于是,家长们个个都争当教育孩子的标兵,支持学校、老师工作的助手,那不正是让咱们的家校联系变得更默契吗?)5.《表扬》(这一版块的内容报道在学习中、活动中做得特别出色的孩子)6.《批评》(这一版块其实是对极个别孩子的善意的提醒,为了照顾他们的自尊心,我只登了他们的号数,故意忽略了他们的名字)7.最后这部分内容名为《本月重点》,即简单地将学生们本月侧重于哪方面的训练也一一告知,让孩子们看得明白,家长们也能了然于心。

http://ytxx.hcedu.cn/dyzh/ShowArticle.asp? ArticleID=126

(二) 教师与家长交往的原则

教师与家长交往的目的在于对学生进行更好的教育,应当有理、有据、有节。首先,教师与学生家长交往的重点是增加对学生的了解,避免牵扯利益关系,否则会失去对问题处理的公正性。另一方面,作为教师,处理学生教育问题要出于责任心和爱心。如果教师在与学生家长交往时个人的利益牵涉过深,则可能使得教师走入追名逐利的误区,分散教师对学生教育的注意力。

其次,与家长的人际关系和沟通本质上只是要与家长达成共识,共同促进学生的成长,绝不能将与家长见面或者沟通当作对学生施加惩罚的方式。有很多年轻教师,遇到学生不听话,或者学习成绩出现波动就通过"告家长"的方式对学生进行惩罚。一方面,这种与家长交往的方式会使得师生关系恶化。另一方面,除非特殊情形,由于教师这种惩罚性、报复性的"告家长"的行为其实并不能对学生的健康发展起到积极的影响,所以学生家长也不会支持教师对自己的子女进行这种惩罚性的报复,进而影响教师与家长之间的关系。

怎样开家长会

很多教师认为：家长会由班主任教师主持，在家长会上教师向家长汇报学生在学校的学习生活情况。在很多情况下，忽略了教师与家长在一起的合作机会，忽略了学生与家长的参与。一般的家长会是很单调的。怎样协调与家长的关系，让家长真正参与到教育当中，如何在开家长会时让家长和教师愉悦而有效地互动合作，是我们必须面对而又必须解决的问题。

首先，会前将不同知识水平的家长分类，向他们提出不同的要求，这就需要教师做好对家长的调查工作，调查的内容包括：年龄、工作、爱好、性别、性格、知识层次、家庭状况等。然后在家长会上有针对性地提出要求，可以向家长倾吐学生的心声，要求家长全面地关心学生的成长，并让家长就如何丰富学生的生活、开拓学生的视野、增长学生的知识献计献策。教会他们怎样教育自己的孩子。

其次，让家长变成家长会的主体，留给他们充分的时间，恳请家长对学校、班主任、任课教师提出建议、意见，倾吐心声。对于家长们的合理、切实可行的建议，尽可能采纳，这样会拉近学校与家长之间的距离。通过家长会，可以获取家长和教师的不同意见，切身感受到不同身份的人的想法。从而使教师与家长形成互相平等、互相指导的氛围。征求家长的意见时态度要诚恳，同时也要反思，家长和教师在本次家长会中成功和失败的原因是什么。

全国中小学教师继续教育网

四、教师与同事的关系

与同事的交往是每一个在职场中拼搏的人所要处理的重要关系，对教师来说，与同事的关系比与学生的关系更为稳定、恒久，也更为微妙、复杂。

教师的劳动虽然在形态上是个体性的,但其劳动成果却是集体性的。学校对学生进行的全部教育教学活动,主要是通过教育个体分散劳动的方式来进行和完成的。要将学生培养成为社会需要的合格人才,就需要动员各方面的力量,通力合作。在学校内部需要各科教师、全体教职工的密切配合。学生的发展,很难说是哪一个老师的功劳,而是集体劳动的结果。即使是某一门课的教学也不是教师一个人努力的结果,教研室开展的教学研究等集体活动,对教师个人提高教学水平、工作水平会有极大的帮助。因此,教师只有在集体中保持一种良好的人际关系,将自己作为教师集体的一部分才可能更好地完成工作。

教师作为群体的一员,首先要遵从群体的规范。所谓群体规范是指群体中所指定的一些行为规范,这些标准得到了群体成员的承认,并约束着每个成员的行为。风俗文化、舆论公约等都是群体规范的表现形式,他们在群体成员的互动过程中产生,并且潜移默化地影响着个体的行为。新进入工作的教师是否能够较好地遵守群体规范的要求,直接决定了他是否会被教师群体所接受,是否能够得到教师群体的社会支持和肯定。同时,对于更广泛意义上的社会规范的遵守同样决定了教师能否得到学生和学校的认同。

其次对同事要尊重与团结协作。尊重是教师之间建立良好关系的前提,而团结协作则是教师处理与同事之间关系的准则。对于老教师,要虚心求教,他们具有丰富的经验,他们的一句话,就可以令你少走好多弯路。同龄人既是竞争对手,也是合作伙伴,还是生活的同路人。如果能够相互信任,相互补台,每个人都会成为对方前进的助力。每一位教师都有其优势也有其劣势,"三人行,必有我师",认识到自己的长处和自己的短处,虚心地向别人请教与学习,取长补短,互相帮助,和谐共处,达到双倍的教学效益。另外同学科、同年级的教师相处的时间最长,打交道最多,大家关系融洽、和谐,就会感到心情愉快,有利于工作的顺利进行,从而促进事业的发展;反之,同事关系紧张,互相拆台,就会影响正常的工作和生活,阻碍事业的正常发展。

五、教师与领导的关系

从学校管理的角度来说,教师与校领导的关系是被领导和领导的关系,也是上下级关系,它是根据工作、职务和地位所结成的一种领导与被领导的关系。正确处理好这一关系,不仅有利于上下沟通,工作协调,提高教学质量,而且对教师的自身发展也有很大的影响。从学校的基本职能角度看,校领导和教师有着同样的角色身份,都是教育者。从这个意义上说,教师与校领导是合作者,是战友,有着共同的目标。

作为一名教师,更多的任务在于教学,往往是处于被管理的地位上。从沟通方式上看,教师当然会将领导作为权力核心加以尊重,遵从领导的安排,利用正式的沟通渠道与校方领导及时沟通,这是保证个人发展和完成工作的必要条件。

处理好与领导关系的前提是踏实工作、任劳任怨。一般的领导都喜欢踏踏实实地工作,任劳任怨、"俯首甘为孺子牛"的教师。事业上成功的上级,大都具有乐观进取精神,他们当然希望下属也能如此。进取的积极作风是一个人对事业的态度,是一种精神面貌。

与领导保持距离。如果你相信自己的能力,如果你想保持自己完整的人格,埋头做事情。任何一个下属和上级的关系都应限制在工作范围之内,不宜太过密切,甚至牵涉双方的私生活。与上级过分接近会引起同事猜疑,甚至使他们对你产生敌意。实际上,一个人如果全凭与上级的关系来维持他在学校中的地位,势必难保长久。

在工作中,提出自己的计划和意见时,要尽量收集支持你意见的资料作为事实依据,然后用适当的方式将这些资料展开,使你的意见成为理所当然的结论。必要时,要旗帜鲜明地表明自己的态度。管理人员最宝贵的是时间,所以和上级谈话要注意言简意赅,有重点、有条理地将事情的头绪和原委归纳清楚,不要反反复复地解释和强调。

第二节

地利不如人和

——教师人际关系的改善与优化

我国著名的医学心理学家丁瓒教授说过"人类心理的适应,最主要的就是对于人际关系的适应,所以人类心理的病态主要是由于人际关系的失调而来"。法国著名作家罗曼·罗兰曾说过"有了朋友,生命才显示出它全部的价值。智慧、友爱,这是照明我们黑暗的唯一光亮"。人际关系的和谐,不仅对人的心理生活具有重要意义,而且对于成就事业也是相当重要的。古语说得好"天时不如地利,地利不如人和"。

一、人际关系改善的原则

个人要改善人际关系,首先要把握改善人际关系的基本原则,主要包括:

(一)尊重

尊重意味着把他人视为有其独特性、有内心感受、思想情感和有价值的活生生的人去对待。人们的内心深处都渴望得到他人的尊重,但是只有尊重他人的人才能得到他人的尊重。尊重意味着一视同仁,尊重他人要避免把拥有权力的大小或财富的多少与尊重程度划等号,人们在人格上都是平等的。尊重意味着容纳个性、允许差异,不能侮辱他人的人格,要尊重他人的权利,无论对方脾气好坏、年龄大小、地位高低,我们都应给予尊重,不能厚此薄彼。尊重意味着不能越俎代庖,不能把自己的意志强加于他人,每个人都有自己的权责范围,如果擅自插手别人的事情,会让对方产生不被尊重的感觉。

（二）平等

任何好的人际关系都应该让双方体验到平等自由、无拘无束的感觉,如果一方受到另一方的歧视压迫,或者一方需要看另一方的脸色行事,或是没有平等待人的观念,都不能与他人建立密切的、高品质的人际关系。人与人之间只有社会分工和职责性质的差别,而没有高低贵贱之分,人人都享有平等的政治、法律权利和人格的尊严,都应该同等对待。因此人与人之间交往要平等相待,把自己摆在与对方平等的位置上,不以权压人,不以势压人,不摆架子,不卖资格,相互尊重,不亢不卑。既不能自恃清高、看不起别人,也不能自卑自怯、自暴自弃。不以自我为中心,设身处地地理解别人、体会别人的难处,关心别人、帮助别人。要做到平等待人,就要学会换位思考,遇到意见分歧时,能从对方的角度出发,考虑对方的处境,从而能更理解人、宽容人,人际关系也会由此得到改善。

（三）真诚

真诚是指真心实意,真实诚心,对他人从心底坦诚相待。真诚是打开别人心灵的金钥匙,它能快速地拉近人与人之间的距离。问卷调查显示人际交往中最受欢迎的是真诚坦率的人,最让人厌恶的是虚伪狡诈的人。曾打败过拿破仑的库图佐夫,在给叶卡捷琳娜公主的信中写道:"您问我靠什么魅力凝聚着社交界如云的朋友,我的回答是

'真实、真情和真诚'。"

真诚的人使人产生安全感,减少自我防卫。与人交往贵在真诚,倘若缺乏真诚的心,无论多么精心组织的语言,无论运用多高明的人际手段,都无法打动他人,无法与他人很好地沟通。古人云"精诚所至,金石为开",就是说只有真诚之心才能打动人心,以真诚之心对待他人,我们才能获得他人的信任,建立良好和谐的关系。在任何境地,如果我们抛弃了真诚之心,所有的关系,都将可能很快淡去。

(四)互惠

互惠就是利人利己,这是一种双赢的人际关系。人际交往是一种双向的行为,只有双方都能从中受益,这种关系才能继续下去,只有单方受益的人际交往是不能长久维持的,这种受益不仅局限于物质层面,还包括心理和精神层面。人际关系区别于其他社会关系的一个很重要的特点就是它具有情感性,情感性就是指这种人际交往是否符合由人的需要而产生的态度,如果总是一方受益,那另一方就必然会产生消极负性的情感,会产生从这种人际交往中逃脱的想法。

除了以上四个原则之外,诚信、宽容、公正、信任、相容、理解等也是改善人际关系时需要遵循的,这些原则并非孤立的,而是存在着紧密复杂的内部联系。要想做到尊重就必然要和他人平等相处;真诚是人的内部心理状态,诚信是关于人的外部行为,这两者间也存在一致性。

盲人点灯

禅师走在漆黑的路上,因为路太黑,行人之间难免会磕磕碰碰,禅师也被路人撞了好几次。当他继续向前走时,远远地看见有人提着灯笼向他走来,这时旁边有个路人说:"这个瞎子真是奇怪,自己又看不见,还要每天晚上打着灯笼!"

禅师自己也觉得很奇怪,等那个打灯笼的盲人走过来的时候,他便上前问道:"你真的是盲人吗？"

那个人说："是的，我从生下来就没见过光亮，对我来说白天和黑夜是一样的，我甚至不知道灯光是什么样的！"

禅师非常疑惑，于是就问道："那你为什么还要打灯笼呢？你甚至都不知道灯笼是什么样子，灯光给人的感觉是怎样的。"

盲人说："我听别人说，每到晚上，人们都变成了和我一样的盲人，夜晚没有灯光，所以我就在晚上打着灯笼出来。"

禅师感叹道："原来你所做的一切都是为了别人！"

出乎禅师的意料，盲人回答说："不，我为的是自己！"

禅师更迷惑了，问道："为什么呢？"

盲人问道："你刚才过来时有没有被别人碰撞过？"

禅师说："有呀，就在刚才，我被两个人不小心碰到了。"

盲人说："虽然我是盲人，但我从来没有被人碰到过。因为我的灯笼既为别人照了亮，同时也让别人看到了我，这样他们就不会撞到我了。"

禅师顿悟，感叹道："我辛苦奔波就是为了找佛，其实佛就在我的身边啊！"

这个故事告诉我们：点灯照亮别人的同时，也照亮了自己。这就是互惠。我们应该时刻记得：帮助别人也就等于帮助自己。

http://www.niwota.com/submsg/871065

二、改善人际关系的策略

（一）重视第一印象

第一印象是与他人初次见面时形成的印象，它会影响到人们以后对该人一系列行为的解释。如果对某人第一印象较好，以后会一直认为该人不错；如果第一印象不好，以后也一直觉得该人不怎么样。由于第一印象的形成往往基于极其少量的信息，对于对方的性格、爱好和习惯等并不了解，因此第一印象往往不准确，但是它的作用却非常牢固。

为什么第一印象如此牢固？心理学家认为这是因为最初印象对后面将获得的信息的解释有明显的定向作用。也就是说，人们是以他们对某个人的第一印象为框架，去理解他们后来获得的有关此人的信息。因此，在人际交往中，要注意给初次见面的人留下良好的第一印象，从而使人际交往基于一个良好的开端。

那么到底怎么做才能给他人留下正面、深刻的第一印象呢？心理学家戴尔·卡内基在其《怎样赢得朋友，怎样影响他人》一书中总结出给他人留下良好第一印象的六个途径：①微笑；②真心诚意地对他人的谈话感兴趣；③不要总打断他人的谈话，而围绕自己感兴趣的话题；④耐心倾听他人的谈话，让对方觉得你很愿意听他谈话，不要表现出漫不经心的样子；⑤鼓励对方多说自己；⑥让对方感到自己是很重要的。

第一印象固然很重要，但正所谓"路遥知马力，日久见人心"，在以后的人际交往中他人才会更深入地了解你。在与别人的交往中，也要注意不能仅依据第一印象就给他人定性，而是应该根据以后所获得的新信息，随时调整自己对他人的看法和印象。

（二）加强沟通

沟通指的是人与人之间交流信息的过程，这是人与人之间建立联系最重要的方式。在现代社会，我们每个人都绝不可能孤立于他人而生存。无论你从事什么行业，无论何时何地，你都处在人际关系之中，都必须与他人交流，都面临与他人沟通的需要。人际关系建立在沟通的基础上，只有与他人准确、及时、有效地沟通，才能建立起良好牢固的人际关系。如果沟通不畅，就不能将自己的想法准确地传递给对方，也不能理解对方的观点，就有可能发生误解或闹笑话。石油大王洛克菲勒也曾说过："如果沟通能力也是同糖或咖啡一样的商品的话，我愿意付出比太阳底下任何东西都贵的价格购买这种才能。"无论多伟大的思想，如果不传递给其他人并被其他人所理解，都是无意义的。

沟通对我们每个人都如此重要,但心理学家发现其实大多数人都不能进行良好有效地沟通。研究发现如果你想表达的是100%,那么你却只表达出来80%,别人只听到了60%,别人只理解了40%,别人只记住20%,这就是沟通沙漏。由此可见掌握一定的沟通技巧是非常必要的。在此举例说明几个沟通技巧:

1. 认真倾听

倾听是建立良好沟通的第一步,倾听不仅用耳,更要用心。倾听不仅可以表达对对方的尊重,也能增加双方的信任感。卡耐基曾说:"专心听别人讲话的态度,是我们所能给予别人的最大赞美。"在交往中,认真倾听无形中起到了褒奖对方的作用,认真倾听对方的谈话,就等于告诉对方"你说的东西很有价值"、"我对你说的话题很感兴趣",因此说者的自尊得到了满足,认为对方能理解自己,认为自己终于找到了一个可以倾诉的机会。这使得双方的感情距离缩短了。

视窗 7-1

倾听能力问卷

1. 我常常试图同时听几个人的交谈。
2. 我喜欢别人只给我提供事实,让我自己作出解释。
3. 我有时假装自己在认真听别人说话。
4. 我认为自己是非言语沟通方面的高手。
5. 我常常在别人说话之前就知道他要说什么。
6. 如果我对和某人说话不感兴趣,我常常通过注意力不集中的方式结束谈话。
7. 我常常用点头、皱眉等方式让说话人了解我对他说话内容的感觉。
8. 常常别人刚说完,我就紧接着谈自己的看法。
9. 别人说话的同时,我也在评价他的内容。
10. 我常常在思考接下来我要说什么。
11. 说话人的谈话风格常常影响到我对内容的倾听。
12. 为了弄清对方所说的内容,我常常提问,而不是进行猜测。

13. 为了理解对方的观点,我总会下很大的工夫。

14. 我常常听到自己希望听到的内容,而不是别人表达的内容。

15. 当和别人意见不一致时,大多数人认为我理解了他们的观点和想法。

倾听的重要性

美国知名主持人林克莱特有一天访问一名小朋友,问他说:"你长大后想要当什么呀?"小朋友天真地回答:"嗯……我要当飞机的驾驶员!"林克莱特接着问:"如果有一天,你的飞机飞到太平洋上空所有引擎都熄火了,你会怎么办?"小朋友想了想:"我会先告诉坐在飞机上的人绑好安全带,然后我挂上我的降落伞跳出去。"当在场的观众笑得东倒西歪时,林克莱特继续注视着这孩子,想看他是不是自作聪明的家伙。没想到,接着孩子的两行热泪夺眶而出,这才使得林克莱特发觉这孩子的悲悯之心远非笔墨所能形容。于是林克莱特问他说:"为什么你要这么做?"小孩的答案透露了这个孩子真挚的想法:"我要去拿燃料,我还要回来!"启示:这就是"听的艺术"。一是听话不要听一半。二是不要把自己的意思,投射到别人所说的话上头。要学会聆听,用心听,虚心听。

http://day.2345.com/20120201.htm

2. 善于表达

交往是一个双方互动的过程,除了听别人讲,自己还要表达自己的思想、态度和情感。良好人际关系的建立还需要具有较强的表达能力。这既可以让别人准确地了解你或你说的事,也避免引起别人的误会。

古往今来具有远见卓识、深怀经世致用雄才之人大多具有"谈笑间樯橹灰飞烟灭"或"片言只语化干戈"的超凡表达才能。诸葛亮舌战群儒、妙语说服东吴;毛泽东著书立说指引革命不断胜利,这些事例不可胜数。要提高自己的语言表达能力,增强表达效果,说话时注意分寸是极为重要的。首先要多读书长见识,忌浅薄无知,即使是伟大的演说家,也要借助阅读的灵感。其次,话如其人,切忌夸夸其谈。朴实无华的语言是真挚心灵的表达,是美好情感的展现。因而,语言的朴素美来自相互的处事态度,话如其人、言为心声。平时为人处事质朴真诚,说话也就自然不会扭捏做作。再次不要讲假话、大话、空话和套话。

（三）调整心态

加拿大蒙特利尔精神科医生柏恩 T. A. Berne 于 1964 年提出相互作用分析理论,分析人们在交往中所处的心理状态,这一理论成为国外训练管理人员正确处理人际关系和沟通意见时的工具,其核心是与人交往时应该摆正心态。[①]

该理论认为在人们的交往中,每个人在心理上都有三种"自我状态",即"父母自我状态"、"成人自我状态"、"儿童自我状态",分别以 P、A、C 表示。

"父母自我状态"以权威和优越感为标志,通常表现为统治人、训斥人以及其他权威式的交往作风,或者表现出保护、控制、呵护、批评或指导倾向。当一个人表现出父母自我状态时,其感情、思想、行动、谈话等反应方式都如同他还是孩子时他父母的反应。如"你要听话","绝对不许"或者"我这是对你好","你真棒"等。非言语的表现有:指手画脚、不耐烦、叹气、指指点点;或者细心、耐心、喜欢关心照顾人,喜欢操心等。

"成人自我状态"的特征是注意事实和理智的分析,能站在客观的立场上面对实际情况,进行冷静地、合乎逻辑地分析。表现出理性、精于计算、尊重事实和非感性的行为。成人自我状态的语言表现有:"我认为……","我的观点是……","也许……"等客观并且理性的表达。非言语的表现有:表情放松、专注、坦然、正视对方、语气平和,不会让别人产生威胁感,对别人也毫无畏惧感等。

"儿童自我状态"的特点是感情用事、任性、自我中心、懦弱、自卑并且缺乏控制。

---

① 参阅(美)T. A. 哈里森:《我好! 你好!》,光明日报出版社 1988 年版。

如"我要","我不管",或者"真爽！太好玩了!"等。非言语的表现有:服从、随和、乖巧或者大叫、哭闹和地上打滚等,或者表情丰富、大笑、缺乏耐心、语气夸张、充满好奇等。

当交往过程中,两个人之间的信息交流属于互应关系,即当甲以某种自我状态与乙沟通时,乙认识到甲的这种自我状态,并采取相应的甲所期待的自我状态与其回应,这是一种平行性交往。如:

1. 主管:这任务一星期能完成吗?（AA）

下属:如果没有其他干扰的话,我想是能够的。（AA）

2. 下属:主任,我不太舒服,想请假回去休息。（CP）

主任:可以,回去吧,留下的工作明天再做好了。（PC）

如果相互作用的双方没有共同的起始和终止的心理状态,彼此不能获得预期的反应,结果导致交流困难甚至争论,这是一种交叉式交往。如:

1. 甲:这份报告明天能做出来吗?（AA）

乙:你以为你是谁呀！要快,自己做去!（PC）

2. 甲:周末加个班,把报告赶出来,行吗?（AA）

乙:周末,那可不行,我已经约了朋友出去郊游,换别人吧!（CP）

根据PAC理论,交往中要自觉地使自己处于成人自我心理状态,这样才能诱使对方也进入成人自我状态,使不良的交往转变为良好的交往。如:

甲:你这次根本不用想加工资!（PC）

乙:请问这次加工资的标准是什么?（AA）

甲:这次加工资的标准是……。（AA）

这说明对方是PC状态时,如能用AA的状态对待,往往可以将对方引导到AA状态。

因此,为了改善人际关系,在交往中首先评估你的交往对象,确定他们对此次沟通的自我心理状态。如果对方每次对我说话都是采取咄咄逼人的家长式的自我状态（PA）,那么依据相关的沟通要素,具体制定解决问题的策略,如我要用AA的沟通方式来应对。于是在沟通中,视觉上保持坚定的眼神交流,表达时语速要缓慢、均匀,采用一种坚定的语气。这样就可以将对方诱导到成人自我状态上来，交往过程就会顺畅和谐。

（四）学会共情

"共情"这个概念有许多的同义词，比如同感心、同理心、设身处地等。按照人本主义心理学家罗杰斯的观点，共情就是体验别人内心世界的能力，就是设身处地地为对方考虑，感同身受地体验对方的情感、思维。在人际交往中，共情同样重要，它是一种对他人关心、理解和尊重的态度，同时也是一种能力，它表现为能体会和理解别人的想法和困扰，并以恰当的方式表达出来，让对方能感受到自己的理解和关心。

共情在人际关系的建立、改善中起着非常微妙的作用。人与人之间的关系是相互的，当你设身处地地理解和体谅对方的感受、需要、痛苦时，对方会感到自己被理解接纳，从而感到满足、愉快，同时你也能得到对方的理解和关心，这会促进双方的交流沟通，人际关系自然就拉近了。日常生活中，有共情能力的人很少与他人发生冲突，这是因为他总能最大限度地理解他人，并以平和的心态与他人相处。即使产生了矛盾，具备共情能力的人也能以建设性的方式去处理。

（五）善于自我暴露

自我暴露是个体自愿地把自己的内心感受、态度、想法或一些他人不可能从其他途径得到的一些事实告诉他人的行为，让他人最大限度地了解认识自己。自我暴露在人际关系的建立上发挥着很大的作用，如果一个人与他人的交往中害怕或是不愿意自我暴露，那对方必然也不愿意自我暴露，如此两人的关系就会一直停留在表层上，难以深交。

自我暴露在人际交往中通常有以下几种功能：首先有利于自我澄清。自我暴露是一个向他人敞开自我的过程，这增加了他人对自己的了解，而自己又能站在他人的视角来重新审视自己的思想和行为,进而更加了解自己。其次自我暴露是印象管理的一种方式。美国社会心理学家西迪尼·朱亚德提出"自我暴露会增加他人对自己的喜欢"。个体通过有选择地向他人展示自己,可使对方形成关于自己的良好印象。再次有利于人际关系的深化。如果一个人在人际交往中适度地暴露自己,就很可能促进对方的自我暴露。这必然使交往的双方更广、更深地了解对方。

(六)善于帮助他人

在这个世界上,每个人都与周围的人有着千丝万缕的联系,要想生存下去,就需要互相帮助,在互相帮助的过程中建立起良好的人际关系。另外在帮助别人的过程中会发现自己的人生价值,由于自己的帮助使对方的困难得到解决,使别人的不便变为方便,其中显示出自己的价值,会得到一种成功的体验,从而更加相信自己,接受自己。有时还会得到意想不到的回报和惊喜。

人生活在一个集体中,只有互相关心、互相帮助才能生存下去。有这样一个寓言故事,按照宗教的说法,人死后不是进天堂,就是下地狱,进天堂的做神仙,进地狱的成为鬼。什么样的人才能进天堂呢?只有那些善于助人、与人为善的好人才能进去。天堂与地狱的区别在于,天堂里鸟语花香,丰衣足食,大家和睦相处。而地狱则正好相反,那里阴森可怕,饥寒交迫,饿鬼之间还在明争暗斗。之所以如此,从他们吃饭中可以略见端倪。无论仙人还是饿鬼,在吃饭时都围着一口巨大的锅,双手都被绑上一双长达6尺的木匙。饿鬼们拥到锅旁,你争我抢,但由于长勺的约束,无法将食物送到嘴里,食物洒了一地,所以个个骨瘦如柴。而仙人们则是在用木勺舀到食物后,将食物互相送往对方的嘴里。在大家的默契配合下,个个脸色红润、身体强壮、心情舒畅。爱默生说过:人生最美丽的补偿之一,就是人们真诚地帮助别人之后,同时也帮助了自己。伸出你的手去援助别人,而不是伸出你的脚去绊倒他们。

帮助别人就需要时刻想及他人,思考问题不能只从自己出发,以自己为中心。自我中心的人往往难以考虑别人的感觉和需要,时间久了,必然会孤立自己。只有想及他人,给他人方便,他人才会给己方便,彼此才能友好相处。下面这位老师的做法足以让所有的人感动。一年级的苏珊因肿瘤化疗 3 个月,一头美丽的金发都快掉光了,这就意味着她需要每天戴着一顶不合时宜的、可能招致异样目光的帽子去上学。但在苏珊返校上课前,教师海伦郑重要求全班学生都要戴着最喜欢的帽子到学校来,以便学习认识各种各样的帽子。苏珊到学校后,意外地发现她的每一个同学也都戴着五花八门的帽子,她只是其中普通的一员,自己和别人没有什么不一样,她的担心犹豫顿时消失了。

但是多数人在思考问题时,只是从自己的需要和利益出发,而很少想及他人。在一个综艺节目中,主持人提出了这样的问题:"电梯里总有一面大镜子,那大镜子是干什么用的呢?"嘉宾们的回答却五花八门:"用镜子来检查一下自己的仪表仪容","用来看看后面有没有跟进来不怀好意的人","用来扩大视觉空间,增加舒服感、透气感"。主持人宣布的正确答案却是:"肢残人摇着轮椅进来时,不必费心转身即可从镜中看见楼层的显示牌。"有人却嘟噜到:"我们怎么能想到呢?"是啊,如果考虑问题只从自己出发,若不想及他人,是无法做到帮助他人的。①

(七) 宽容别人的过错,感激别人的善意

"金无足赤,人无完人",每个人的知识、性格、阅历、观念都不尽相同,相处久了难免会有不愉快,甚至对方有可能做了伤害你的事。但是只要不违反原则,我们应该学着宽恕别人,不要因为他人的错误而责怪和憎恨他们,做到宽容大度,容人之过,以"宰相肚里能撑船"自勉,达到一种大肚能容,容天容地的境界,学会忘却前嫌,化干戈为玉帛,与别人和平共处。宽容的人能以德服人,从而建立良好的人际关系。宽容不是懦弱,宽容他人的人通常都是有自信、有毅力、有目标的人。宽容是一种礼让,只懂得斤斤计较的人,最后往往得到的只是一棵树,而失去了整个森林。

---

① 高峰强等编著:《塑造完美的自我》,山东人民出版社 2000 年版,第 243—245 页。

许多伟大的人物,正是由于善于宽恕别人而博得人们的信任和爱戴,拥有下属的忠心和诚心,世界巨富老洛克菲勒就是这样一位。他的下属贝特富德在一次经营活动中,由于急功近利,导致极大的失败,投资损失了近一半。洛克菲勒非但没有责怪他,反而真诚地安慰他说:"棒极了! 我本来以为会血本无归的,幸亏你处置果断及时,我们仍收回了60%的投资。真的,贝特富德,你干得这么出色,真是难能可贵啊!"

如果你接受了别人的恩惠,不管是礼物、忠告或帮忙,而你也够聪明的话,就应该抽出时间,向对方表达谢意。成功学家安东尼指出:成功的第一步就是先存一颗感激的心,时时对自己的现状心存感激,同时也要对别人为你所做的一切怀有敬意和感激之情。

(八)学会赞美别人

要建立良好的人际关系,还应学会赞美别人、赏识别人。美国心理学家威廉·詹姆士说"渴望被人赏识,是人最基本的天性"。小品《有事你说话》描写一个青年人为了让人赏识自己,让人觉得自己很重要,是个"人物",而费尽心机体现自己的"本领",不惜冒着严寒,带着铺盖,在火车站排两天两夜的队,为别人买卧铺票。这个小品乍看让人觉得有点心酸,替这个年轻人悲哀,但它确实体现出人是需要被人赏识的,希望有一种重要人物的感觉。一个自高自大、自以为是的人是很难与他人相处的。

林肯在竞选总统时,有一段情真意切的演说有口皆碑。那是1860年,共和党候选人是林肯,对手是民主党大富翁道格拉斯。阔佬一心要丑化林肯,宣称"我要让林肯这个乡巴佬,闻闻我身上的贵族气味"。面对侮辱性挑战,林肯在演讲中说:"是的,我没有车,没有财产,但我有一个妻子和儿子,他们是我的无价之宝。此外,我还拥有一个办公室,它内有办公桌一张,椅子三把,墙角还有一个大书架,架上的书值得每人一读。我本人既穷且瘦,不会发福。我没有什么可依靠的,唯一依靠的是你们。"朴实无华、内涵深刻的语言深深打动了选民。美国钢铁大王安祖·卡耐基就是在他的墓碑上也不忘记赞美他的部下,他的碑文上写着:"这里躺着的是一个知道怎样与比他更聪明的属下相处的人。"在生活中经常赞美别人有利于与别人建立良好的人际关系,比如今天你的同事戴了一条新领带,换了一身新衣服,你可以说:领带款式很好,衣服很漂亮,很适合你。听到你的赞扬,相信同事这一天的心情都会非常轻松。其中的一个根本原因是人渴望得到认可和欣赏。所以要学会欣赏和赞扬别人。

(九) 培养幽默感

有一天,德国诗人歌德在公园散步,在一条狭窄的小道上碰到了一个反对过他的人,这位傲慢的批评家嘲笑歌德:"你知道吗,我这个人从来不会给傻瓜让路。"歌德聪明地回答道:"而我却恰恰相反。"说完后就给这位批评家让路。幽默是一种智慧的表现,幽默感使用得当可化解许多尴尬或冲突的情景。有位名人所言:"浮躁难以幽默,装腔作势难以幽默,钻牛角尖难以幽默,捉襟见肘难以幽默,迟钝笨拙难以幽默,只有从容、超脱、游刃有余,聪明透彻才能幽默。"幽默是人际关系的润滑剂,它能给人们带来笑声和欢乐、消减矛盾和冲突,缩短人与人之间的距离。用幽默来处理烦恼与矛盾,可化解紧张消极的情绪,会使人们和谐愉快,相融友好。

人人都知道幽默感的好处,都希望自己能够成为一个具有幽默感的人。怎样才能培养自己的幽默感呢?首先要学会自嘲。就是开自己的玩笑,嘲笑自己,这是迈向幽默感的第一步,也是最重要的一步。许多人正是由于拉不下脸来,放不下所谓的自尊,而表现得一本正经,缺乏幽默感。其次,扩大知识面。幽默是一种智慧的表现,它必须建立在丰富知识的基础上。一个人只有拥有广博的知识,才能做到谈资丰富、妙言成趣,从而做出恰当的比喻。因此,要培养幽默感必须广泛涉猎,充实自我。

第八章

光环背后的泪水
——教师工作压力与职业倦怠的应对

第一节

我的心酸有谁知?
——教师的工作压力

一、什么是教师的工作压力

(一)教师工作压力的含义

压力的概念最初是取自物理学和工程学。20 世纪初,压力的概念才出现在医学界。现在,压力作为一个描述社会心理现象的词汇已被广泛地使用。

对大部分人来说,工作是生活中重要且有意义的部分。我们大部分人在成年期把 25% 的时间放在工作上。一方面,工作可以为满足我们各项基本需求以及更高级的需要提供保障。而另一方面,工作也同样给了我们压力和焦虑。

工作不同,其压力程度不同。某些工作比其他工作压力更大,如拆弹专家比门卫体验到更大的压力。国内外的研究均表明教师是一个高压力的行业。由于工作的特殊性,教师除了面对与其他职业类似的工作压力,同时还背负着社会和学生家庭更多的期待和使命。

尽管对教师工作压力的定义就如对压力的定义一

样，人言人殊，但基本上都承认教师的工作压力首先是由教育教学工作引起的，如在职业活动中，需要不能满足，自尊受到威胁等。其次在压力下会产生一种令人不愉快的情绪体验，包括紧张、失望、焦虑、愤怒、压抑等，并伴随有潜在的病理性的变化。

（二）压力的特性

1. 压力并不都是消极的

没有变化、没有挑战本身就是一种压力，真空生活是不存在的。为维持正常的心理状态，人们需要一个最低水平的刺激输入，因此在没有压力时，人还会主动地去寻求刺激。如果没有压力，人就达不到完成任务所需的思维、情绪和活动水平。正如俗话讲的"井无压力不出油，人无压力轻飘飘"。适度的工作压力可以给人向上的力量，有益于提高工作和学习效率；反之，过度的工作压力，即不愉快的压力，则给人带来苦恼，使人产生生理、心理以及行为失调反应，在日常活动中产生焦虑，也将干扰任务的顺利完成。压力水平与工作绩效之间的关系存在一定的规律，二者呈现"倒 U"型的曲线关系。个体也是在不断适应环境压力的过程中成长和发展的，在人生发展的每一个阶段都需要应付新的要求，可以说没有压力，就没有成长。

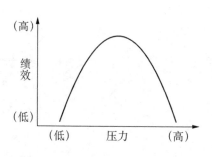

2. 压力具有累积效应

生活中发生的重大变化，如离婚、亲人去世、工作变动等，会使人产生紧张和压力。事件越严重，数量（次数）越多，持续时间越长，影响就越大。日常生活中的小烦恼虽然不会立即产生明显的消极影响，但是日积月累，也会增加心理负担。当烦恼的压力累积到一定程度时，即使只增加一个微小的刺激，也足以使人崩溃。正如英语谚语中所讲的"最后的一根稻草压断了骆驼的脊梁"。一根稻草，没有什么分量，可是如果你把稻草一根一根地往骆驼的背上码放起来，最终总有一根稻草会把骆驼背压垮的。再小的压力,积累起来,也可以沉重如山。

二、教师工作压力的来源

当前,中国正在进行深刻的社会变革。基础教育改革更是轰轰烈烈,中国教师面临着前所未有的职业危机和生存挑战。国内外学者的研究发现,教师工作压力的来源主要有三个方面,即社会、学校和教师个人。

（一）社会压力

社会压力主要与教师职业的社会地位有关,在社会倡导尊师重教的同时,对教师的要求和期望也相应提高。由于社会种种矛盾的存在,教师难以达到社会的期望,因此就会感受到巨大的压力。具体表现在以下几个方面:

1. 角色期待的压力

教师原本的角色是"传道、授业和解惑",也就是教师是课堂的组织者、和学生的交流者、学生学习的激发者、指导者、示范者。但中国传统文化对教师赋予"圣贤"的人格定位,教师不但承载了文化传递的使命,更承载了道德传递的使命。一方面社会期待教师应该是社会道德的楷模,对教师的这种人格期盼也超出了普通人能够承受的程度。这样的定位可望而不可及,对教师造成一定的心理压力。另一方面,社会过分期望教师的无私奉献和付出,教师应该"捧着一颗心来,不带半根草走","吃的是草,挤的是奶"。把教师比喻成"辛勤的园丁"、"丝尽的春蚕"、"泪干的红烛",这些对教师形象的异化无形中增加了教师的压力。

2. 学生家长的压力

一方面,由于学生家长对子女普遍有着过高的期望,"望子成龙、望女成凤"的心理投注到教师身上,表现为对教师产生过高的、不切实际的期望,提出近乎苛刻的过高要求。教育质量低,学生问题多都归罪于教师,从而出现因为社会出现多种问题而谴责教师的现象。有些家长对教师横挑鼻子竖挑眼,只要教师在工作中稍稍出现失误,往往就会引起学生家长的强烈不满,动不动因为孩子的一点小事就将学校或老师诉诸公堂,这些难处的学生家长也成为部分教师的一大心理压力源。另一方面,家长既希望教师对孩子严格要求以取得好成绩,又对孩子过高的学习压力非常不满,并将之归罪于老师,这使得教师无所适从,产生压力感。

3. 教育改革的压力

教育要适应社会的发展和变化就必须进行改革,不管变革的好处和最终结果是什么,毫无疑问,激烈的变化本身便是压力的一个来源。近几年来,我国基础教育界进行了多次改革,如素质教育的实施、基础教育新课程改革等,教育理念的转变,课程教材的更新,教学方法的变化等都对教师提出新的高要求,对教师传统的教育观念造成了很大的冲击。部分教师表现出一些心理不适现象,如自我否定的痛苦感、新型师生关系引发的不适感、自身素质缺失的焦虑感、相互矛盾的现象带来的茫然感等。

改革总是困难的,一方面,社会大力倡导素质教育,提倡学生全面而有个性的发展;另一方面"应试教育"仍然盛行。应试教育与素质教育的"拉锯战",让教师疲于应付;素质教育的模糊要求,也使得教师负担加重以至于力不从心。

(二)学校压力

学校压力是教师职业压力的最主要的压力源。主要表现为工作量太大,学生难教育,升学压力大,领导不正确的评价,教师间竞争激烈,学生考试不理想,评职称受阻,班级管理不成功,同事间不正当竞争等。归纳总结起来有以下几个来源:

1. 工作负荷的压力

教师们的压力首先来自高强度的工作负荷。班级规模大,师生比例小,工作量超负荷,时间被占用,缺乏自主权等现象在学校中是存在的,这直接导致教师职业压力的产生。美国学者的一项调查发现,教师抱怨得最多的是连续不断的书面工作,不成功的行政会议及极少的提高教学的机会。中小学教师除了备课、上课、批改作业、课外辅导、考核等教学工作外,大部分还要从事繁重的学生管理工作。还有德育工作、体卫工作、教育科研等等……而且都有书面材料要完成。在工作时间方面,有调查发现,以每周5天工作日计算,中小学教师每天直接用于教育教学的时间平均为8.75小时。此外,组织班级、年级与学校的各类活动,参加政治学习等,也占据了老师们大量时间。

北京的一位小学班主任教师列出了自己的工作日程表:早上7点30分到校,8点开始上课,一直到中午12点吃饭,然后休息到13点半又开始下午的工作。下午13点半上课到15点半,然后开始课外活动、开班会、批改作业等,晚上18点后回家。

倾听:50岁不到我准累死

张老师年逾三十,有一个5岁的上幼儿园的女儿,是一所初中两个班的语文老师,同时是其中一个班的班主任。

每天天还没亮,张老师就得起床,准备早餐,然后叫醒女儿,哄她穿衣、梳洗、吃完早饭,自己才能胡乱吃几口。去学校以前,必须骑自行车飞奔近30分钟把女儿送到幼儿园,几乎每天都最早一个把女儿交给老师,再急匆匆赶到学校。

学校里又有一大堆麻烦事等着处理:堆积如山的作业本需要批改,学生考试成绩太低你得找他谈话,公开课做课件让你晕头转向,竞赛只许拿大奖不然校长要批评你,忙完学校的事回到家还得熬夜备课……教师那么一点微薄的工资,又让她捉襟见肘。半夜起来的内心独白是:

——"五十岁不到,我准累死。"

——"我能提早退休那该多好啊。"

——"这样的生活,何时是盼头。"

2. 考试成绩与检查评比的压力

《东方教育时报》和复旦大学新闻学院联合开展的2011年上海市中小学教师幸福感状况调查,发现中小学教师们感觉当前最大的工作压力还是来自学生考试成绩,占比达到 57.7%。其后依次是教育科研、班级管理、上公开课等。其中高中教师的备课和作业布置和批改压力较大。近半数的中小学教师,对当前的工作,感觉最不满意的地方是考核和评比繁多。①

很多学校往往以学生分数、升学率来衡量和评价老师的工作能力,家长也以此来衡量一名老师是不是个好老师,这样的标准常常使老师们压力倍增。当然,无可否认学生分数、升学率是教师教学效果比较直观的体现,但是学生的发展不仅表现在考试分数一个方面,再者学生的成绩还受个人的知识接受能力、勤奋程度、家庭氛围等因素影响,不可一概而论。

许多教师对上级部门以及学校里的各种检查、评比和考核也颇有怨言。频繁的公开课、汇报课对学生并无益处,只是增加了教师的负担。还有纪律卫生评比、班主任和任课教师常检等,都让教师疲于应付。

3. 学校管理的压力

现在的社会,对教师这一职业要求愈来愈高。于是,教师要想在讲坛站稳脚跟,着实不容易。职称的评定、职位的聘任、成绩的末位淘汰等等无不让教师承受着巨大的压力。

在职称评定中,教师只做好基本教学工作还远远不够,想要评上职称还要在其他方面有突出表现。文凭是评职称的首要的硬件,另外,还需要通过普通话、计算机考试,还要有研究论文、各种奖励等等。虽然目前的中小学教师职称与工资待遇直接挂钩,但引起教师心理挫败感的,不是经济损失,而是自尊心受到严重打击。

在用人制度方面,《2005 年教育部工作要点》中提出深化中小学人事制度改革,全面推行教师聘任制。教师聘任制,一方面有利于加强教师责任心,有利于提高教学质量,有利于教师的合理流动;另一方面又给教师增加了一个新的压力源。各地教育主管部门在教育管理中引入竞争机制,实行了末位淘汰、不合格教师的待聘、下岗等人事制度改革,教师们聊以自慰的职业稳定性已不复存在。同时,各地生源逐渐减少,对教

---

① http://news.ifeng.com/gundong/detail_2011_09/06/8981923_0.shtml

师的需求量也相应减少,教师数量饱和,教师岗位竞争问题越来越普遍。因此教师的生存危机感日益激烈,感受到巨大的压力。

4. 学校人际关系的压力

对于教师而言,学校的人际关系主要是与学生、同事和学校领导的关系。师生关系、同事关系以及与学校领导的关系是否和谐,也是教师压力的来源之一。

由于近年来教育理念的转变,师生关系正发生着微妙的变化。教师由"领导者"、"组织者"、"管理者"正在变为"协作者"、"参与者"、"引导者",学生对教师的态度正在经历着前所未有的变化,部分学生对教师失去了应有的尊敬,更有甚者对教师产生抵触情绪。多数教师认为师生相处中,遇到最大的问题是教师权威的衰落。很多时候,教师的教育理念并不能获得学生认同,反而被认为是落伍。过于平等的师生关系,有时反而助长了学生对教师的不尊重,甚至导致教学纪律无法维持。因此有教师甚至感叹,教师才是校园里真正的弱者。

在与同事的关系方面,同事之间相处久了,难免发生口角与摩擦,如不及时化解矛盾,同样也会形成压力。与同事之间的矛盾主要表现在统考排名、职称考核、年度奖惩等方面。教师工作的独立性较强,具体工作方法各异,相互之间协作的要求相对较低,或者说不甚明显,教师之间通过相互合作增进融洽的机会较少,使得教师群体的人际关系比之其他群体来得复杂。

在与学校领导的关系中,如果学校领导官僚作风太重,在学校管理中缺乏人性化,对教师颐指气使,态度生硬,动辄当众批评,也会对教师产生很大的压力。

(三) 个人因素

如果我们把上述因素作为外部环境刺激,造成教师职业压力的个人因素则主要是教师个人生活的变化以及教师的人格特征等。

1. 个人生活的变化

教师和普通人一样,也要处理生活中的琐事。如青年教师的恋爱、交友问题;中年教师则负担更重,上有老下有小。教师个人生活中的压力主要表现为:(1)赡养父母;(2)子女教育;(3)家庭成员的身体健康;(4)夫妻感情,结婚和离婚或者家庭不和;(5)意外事故或灾害;(6)生活规律变动,住房紧张,经济困难;(7)精力体力不足、交通不便等。

视窗 8-1

生活事件量表

美国的医学家霍尔姆斯(T. H. Holmes)经过一系列研究后,对人的生活事件作了以下排列:

生活事件	LCU(生活变化单位)	生活事件	LCU(生活变化单位)
配偶死亡	100	夫妻不和	35
离婚	73	中量贷款	31
夫妻分居	65	子女离家	29
拘禁	63	司法纠纷	29
家庭成员死亡	63	个人突出成就	28
外伤或生病	53	妻子开始工作或离职	26
结婚	50	生活条件变化	25
解雇	47	个人饮食改变	24
复婚	45	与上级矛盾	23
退休	45	搬家	20
家庭成员患病	44	转学	20
怀孕	40	娱乐改变	19
性生活问题	39	宗教活动改变	18
调换工作	39	过圣诞节	12
经济状况改变	38	轻微违法行为	11

霍尔姆斯对 5 000 人的调查发现:LCU(生活变化单位)与疾病发生率密切相关。一年内LCU 不足 150,预测下一年基本健康;LCU150～300 之间,预测患病概率 50%;LCU300 以上,预测患病概率 70%。

2. 人格特征

工作本身并不见得是造成压力的原因,压力是个体与环境相互作用的结果,个体的人格特征在某种意义上讲是造成压力的最重要因素。一般说来,内向、呆板、易于紧张、保守的、倾向于内归因、自尊感低的人更容易体验到压力。如内向的人不那么好交际,而且不太能处理好自己与他人之间的紧张状况;保守的人倾向于过度谨慎,行为不自信、依赖感强,不能适应改革和变化;内在归因的人把他们成败的缘由都归结为自己的行动、态度,或内在的才智谋略,他们比外在归因的人更能适应环境,但也因此而感到压力很大;自尊心低落的人在遇到压力时往往不知所措,工作成绩会一落千丈。

另外,自我期望值高也是产生压力的原因。自我期望值越高,与现实的冲突越激烈,则产生的压力也越大。

我们把世界看错了,反说它欺骗我们。——泰戈尔

苦难对于一个天才是一块垫脚石……对于能干的人是一笔财富,对于弱者却是一个万丈深渊。——巴尔扎克

生活就像一面镜子,你对它哭,它就对你哭;你对它笑,它就对你笑。——戴尔·卡耐基

三、压力的结果

压力如果处理不当,会导致一系列不良反应,包括耗尽能量、降低对疾病的抵抗力,不满意和悲观感增加、责任感降低等。具体表现在以下几个方面:

(一)压力与身体健康

长期生活在压力状态下,容易影响教师的身体健康,导致一些心因性疾病。所谓心因性疾病指主要由情绪、心理因素导致和影响产生的躯体的器质性疾病或功能性障

碍，如冠心病、高血压、胃肠道疾病等。压力状态下分泌的糖皮质激素，作用在于促进身体的能量应用，增加心血管活动，使得心率加快、血压升高、心脏负担加重，容易产生头晕、心悸、心慌以至患心脏病、高血压等。在压力状态下，还会产生四肢乏力，容易疲劳，经常头痛，特别是偏头痛，睡眠障碍，如睡眠质量差、失眠等状况。

（二）压力与心理状态

1. 负性情绪反应

压力状态下，教师常常会出现一些负性的情绪，如焦虑，总是担心会发生不好的结果；恐惧，对某种特定对象的不合情理的害怕与拒斥，并试图逃避；抑郁，因无法应对困境或严重后果而产生无助和无望感，继而会丧失积极体验与意义感，无从体验生活的快乐；习得性无助，个体屡遭失败，并将失败归因于能力，最终产生无能为力、动机缺失和认知情绪缺失，并产生失败无法避免的观念，从而自暴自弃。另外还有痛苦、悲哀、敌意、羞耻、内疚、悔恨、自怜等负性情绪。

"我一向不服输，过去工作再苦再累我都能忍受，可近来不知何故我开始变得脆弱、多虑，常常是事情还没开始做，便事先设想出多种后果，老是担心教不好课程，担心教学质量上不去，担心最后考不过人家……总之，考不完的试，做不完的活，操不完的心，压得我透不过气来，整日惶恐不安、心绪不宁，几乎无法正常工作和生活！"

2. 不合理认知

在压力状态下会使人注意力高度集中，警觉性、敏感度增高，因而易反应过敏。过大的压力还会影响人的智力功能，使知觉狭窄、思维僵化、判断力和决策力降低，考虑问题肤浅，处理问题简单机械等。

不合理认知的特征有：(1)绝对化要求。通常与"必须如何"、"应该如何"这类字眼联系在一起。比如"我必须获得成功"，"别人必须很好地对待我"，"生活应该是很容易的"等。(2)过分概括化。一些人当面对失败或是极坏的结果时,往往会认为自己一无是处、一钱不值、是"废物"等,以自己做的某一件或几件事的结果来评价自己整个人。(3)糟糕透顶。这种观念认为如果发生了一件不好的事情,那将是非常可怕的、非常糟糕的,是一场灾难。这种想法会导致个体陷入极端不良的情绪体验(如耻辱、自责自罪、焦虑、悲观、抑郁)的恶性循环之中而难以自拔。当一个人觉得什么事情糟糕透了的时候,往往意味着对他来说这是最坏的事情,是百分之百甚至百分之一百二十地糟透了,是一种灭顶之灾。

3. 负性行为反应

在压力下容易产生一些负性行为,如饮食过度,工作拖拉、效率低,冒险行为与攻击性行为增加,职业倦怠等。

踢猫效应

一公司总经理因急于赶时间去公司,结果闯了两个红灯,被警察扣了驾驶执照。他感到十分沮丧和愤怒。他抱怨说:"今天活该倒霉!"

到了办公室,他把秘书叫进来问道:"我给你的那五封信打好了没有?"她回答说:"没有。我……"经理立刻火冒三丈,指责秘书说:"不要找任何借口!我要你赶快打好这些信。如果你办不到,我就交给别人,虽然你在这儿干了3年,但并不表示你将终生受雇!"

秘书用力关上经理室的门出来,抱怨说:"真是糟透了!3年来,我一直尽力做好这份工作,经常加班加点,现在就因为我无法同时做好两件事,就恐吓要辞退我。岂有此理!"

秘书回家后仍然在发怒。她进了屋,看到8岁的孩子正躺着看电视,短裤上破了一个大洞。在极其愤怒之下,她嚷道:"我告诉你多少次了,放学回家不要去瞎疯,你就是不听。现在你给我回房间去,晚饭也别吃了。以后3个星期内不准你看电视!"

8岁的儿子一边走出客厅一边说:"真是莫名其妙!妈妈也不给我机会解释到底发生了什么事,就冲我发火。"就在这时,他的猫走到面前。小孩儿狠狠地踢了猫一脚,骂道:"给我滚出去!你这只该死的臭猫!"

第二节

<h2 style="text-align:center">谁偷走了你的激情?</h2>
——教师职业倦怠

　　"一个重大的新的疾病正在折磨着教学职业，倦怠的感受正在打击着无数有爱心、有理想、乐于奉献的教师们——教师们已在逐渐地放弃他们的专业工作"。

——美国教育协会(NEA)主席麦克古瑞

一、什么是教师职业倦怠

　　当教师时间长了，许多人大概都有这样一些感觉：从教之初的豪情壮志逐渐消失了，桃李满天下的希冀淡漠了，平淡无为、得过且过的想法增多了；原先可爱的学生似乎都变得令人生厌；甚至有了放弃教师职业的消极想法。这些迹象表明，这些教师已经出现职业倦怠了。

　　职业倦怠(job burnout)也称"工作倦怠"，国内也有翻译为"工作耗竭"、"职业枯竭"等。它是 20 世纪 70 年代美国学者 Freudenberger 在研究职业压力时首次提出的，用以描述工作中的个体所体验到的一组负性症状，如长期的情感耗竭、身体疲劳、工作投入降低、对待服务对象不人道的态度和降低的工作成就感等。

这一概念最初是针对专业助人行业（如教师、护士、社会工作者等）提出的。对于从事这类职业的人，人们往往存在一种期望，觉得他们应该在工作中一贯地为他人提供优质的服务。这种社会期望的存在，造成他们在进入职业之后不得不持续地投入大量的情绪、生理等方面的精力来应付服务对象的要求，由于无法应付外界超出个人能力和资源的过度要求，从而产生心理、心智、情感、行为等方面的身心俱疲的耗竭状态。后来这一概念扩展到一般工作领域。

教师职业倦怠定义为由于教师长期工作在压力的情境下，工作中持续的疲劳及在与他人相处中各种矛盾、冲突而引起的挫折感加剧，最终导致一种在情绪、认知、行为等方面表现出精疲力竭、麻木不仁的高度精神疲劳和紧张状态，是属于一种非正常的行为和心理。倦怠的人就如同撞钟的小和尚：

小和尚担任撞钟一职，半年下来，觉得无聊之极，"做一天和尚撞一天钟"而已。有一天，主持宣布调他到后院劈柴挑水，原因是他不能胜任撞钟一职。小和尚很不服气地问："我撞的钟难道不准时、不响亮？"老主持耐心地告诉他："你撞的钟虽然很准时、也很响亮，但钟声空泛、疲软，没有感召力。钟声是要唤醒沉迷的众生，因此，撞出的钟声不仅要洪亮，而且要圆润、浑厚、深沉、悠远。"

二、教师职业倦怠的特征

社会心理学代表人物马勒诗和佩斯认为，倦怠有三个主要特征：

（一）耗竭感

耗竭感指自己感到的能量和资源耗尽、用完，包括生理耗竭和情感耗竭两方面。生理耗竭表现为极度的慢性疲劳、力不从心、疲乏虚弱、睡眠障碍、头痛、食欲异常等；

情感耗竭表现为缺乏工作热情与活力、情绪波动大,容易迁怒于人,有一种无助感,并对生活冷漠、悲观。对教师而言,感到自己的情绪处于极度疲劳状态,畏惧早晨上班,对学生有消极的、玩世不恭的态度。工作不带劲,备课、上课都是有气无力的,总感觉有一种被掏空般的疲惫,无法像以前一样以饱满的热情向学生付出关心和爱了。一想到有一整天的工作要做,就感觉好像一晚上没睡似的疲乏,不只是身体累,心也累。

以下是一位教师给心理医生的一封信:

我叫张强,是一名初中教师,参加教育工作十几年了。好长一段时间以来,我一直提不起精神来,工作没有劲,做事有气无力,感觉工作乏味,天天就是备课讲课改练习,家里学校讲台"老三点"。特别是推行新课标、强化新理念以后,感觉教育工作无所适从了:你尊重学生,可学生不尊重你;你严格要求学生,他们说你不给他自主的空间;你想惩罚违纪的学生,他却说你体罚他;学生上课睡大觉,你管他他说干涉自由;他要谈恋爱,你批评他,他说是个性需要。学生难管、课本难教、中考难以应付、家长社会需要太高,我总感觉自己生活在社会的夹缝之中,困惑无法解决,激情难以燃烧,身心疲惫,慢慢变得漠然、得过且过了。我知道事业不能苟且,可我就是不能振作精神。请问,我该怎么办呢?

杜艳芬:《帮助教师走出心理厌倦期》,《教书育人》,2008年第20期,28—29页

(二)去人性化

去人性化实际是在面对过度的紧张或耗竭时的一种防御性行为,是一种试图去避免不喜欢的工作或者减少感知到的威胁的一种反应性或保护性的行动。体现在教师身上,即冷酷、麻木,非人格地对待学生;视学生为"物",而非当成"人"看待。刻意在自己和学生之间保持距离、减少接触,拒绝接纳学生,将学生视为没有感情的事物。具体表现有:打耳光、罚抄课文、在学生脸上刺"贼"字、罚跪、打手掌、脚踹、棒打等;用带有蔑视色彩的称谓来称呼学生,用标签式语言如"笨得像头猪、蠢得像头驴、白痴、笨蛋、

傻大姐、低能儿、弱智、猪脑子"等来描述个别学生。

（三）缺乏个人成就感

缺乏成就感即觉得无效能、缺乏适应性,倾向于对自己产生负面的评价、感觉无助以及自尊心下降。长此以往教师可能感到工作能力的衰退和无力感的增加,丧失工作成就感,以消极的态度来评价自己,对自己的工作的满意度也随之降低。

教师职业倦怠的几条主要表现

1. 领导布置工作后,你总是等一段时间去完成,自己觉得工作简单,没必要这么急。

2. 无论是学校组织的政治业务学习,还是教研组或备课组组织的教研活动,你总是走神或不积极研讨。

3. 一学年内,你没有受过任何表彰或批评,但你不在乎。

4. 学校内各方面工作安排,你认为其中有猫腻。

5. 总是想不通,为什么你的领导看上去总会有错误的安排。

6. 学校管理制度变革,在你看来只是走过场而已。

7. 与其他同事在一起,你总是滔滔不绝地讲学校对你的一些事情,而且总得到他人的响应。

8. 新工作的教师在你的眼中是"他们都在异想天开,其实什么都不懂"。

9. 教学中出了问题,不想办法解决,而是用其他理由来搪塞,甚至是满不在乎。

10. 工作上混混日子可以,因为你总是得不到和自己能力相适应的职位。

http://sq.k12.com.cn/discuz/thread-420355-1-1.html

调查：教师职业倦怠知多少

（1）成熟教师倦怠最强。研究结果表明，16 年—20 年教龄的小学教师职业倦怠总分及情绪衰竭、低个人成就感和知识枯竭维度都达到最高峰。

（2）所教年级也影响倦感。在知识枯竭维度，小学一年级和四年级教师得分显著高于其他年级教师。

（3）就倦感程度而言，城市教师普遍高于乡村教师。

（4）男女教师倦怠各有特点。研究结果表明，在情绪衰竭、知识枯竭维度，女教师的平均分高于男教师，而在去人性化和低个人成就感维度，男教师的平均分高于女教师。

张丽华，王丹：《调查：教师职业倦怠知多少》，《中国教育报》，2008 年 6 月 9 日

三、教师职业倦怠的不良影响

（一）教学效果下降

教师的身心过度疲劳，对学生的观察、教育能力就会在无形之中降低，对学生的心理援助、管理指导等精神维持能力也会随之变得低下。当然，随之而来的是教育、教学方法的不灵活或出现失常现象，工作被动机械、工作效率低、工作能力下降，最终导致教学质量降低。

在经历了若干年的教师工作后，我得到了一个令人惶恐的结论：教学的成功和失败，"我"是决定因素。我个人采用的方法和每天的情绪，是造成学习气氛和情景的主因。身为老师，我具有极大的力量，能够让孩子们活得愉快或悲惨，我可以是制造痛苦的工具，也可能是启发灵感的媒介。我能让人丢脸，也能让人开心；能伤人，也可以救

人。无论在任何情况下，一场危机之恶化或解除，儿童是否受到感化，全部决定于我。

——美国教育心理学家吉诺特博士

（二）人际关系紧张

在人际关系上变得疏离、退缩、摩擦增多，情绪充满忧郁和攻击性。有些教师使用粗暴的体罚，急躁的情绪、行为来对待学生，实则是一种身心疲倦、压力增大后所产生的"危险信号"。教师心理疾病会导致严重的后果，有时会给学生带来难以弥补的伤害。

（三）自我身心伤害

教师的职业倦怠会造成教师的心理障碍和心理疾病，轻则是教师的消极态度和情绪表现明显，重则会因不良心理状态而引起神经衰弱，或因不堪压力而导致精神崩溃，最终直接影响自己的身心健康。对同事不愿理睬，对学生冷漠，经常觉得自己孤立无援。

此外，教师职业倦怠还可能会导致教师队伍的流失率不断增高，严重影响教师队伍的稳定和国家教育事业及整个社会的发展。

视窗 8-2

工作倦怠量表

请您根据自己的感受和体会，判断它们在您所在的单位或者您身上发生的频率，并在合适的数字上划〇。"0"表示从不，"1"表示极少（一年几次或更少），"2"表示偶尔（一个月一次或者更少），"3"表示经常（一个月几次），"4"表示频繁（每星期一次），"5"表示非常频繁（一星期几次），"6"表示每天。

情绪衰竭

1. 工作让我感觉身心俱惫   0 1 2 3 4 5 6

2. 下班的时候我感觉精疲力竭   0 1 2 3 4 5 6

3. 早晨起床不得不去面对一天的工作时,我感觉非常累   0 1 2 3 4 5 6

4. 整天工作对我来说确实压力很大   0 1 2 3 4 5 6

5. 工作让我有快要崩溃的感觉   0 1 2 3 4 5 6

玩世不恭

1. 自从开始干这份工作,我对工作越来越不感兴趣   0 1 2 3 4 5 6

2. 我对工作不像以前那样热心了   0 1 2 3 4 5 6

3. 我怀疑自己所做的工作的意义   0 1 2 3 4 5 6

4. 我对自己所做的工作是否有贡献越来越不关心   0 1 2 3 4 5 6

成就感低落

1. 我能有效地解决工作中出现的问题   0 1 2 3 4 5 6

2. 我觉得我在为公司作有用的贡献   0 1 2 3 4 5 6

3. 在我看来,我擅长于自己的工作   0 1 2 3 4 5 6

4. 当完成工作上的一些事情时,我感到非常高兴   0 1 2 3 4 5 6

5. 我完成了很多有价值的工作   0 1 2 3 4 5 6

6. 我自信自己能有效地完成各项工作   0 1 2 3 4 5 6

李超平,时勘:《分配公平与程序公平对工作倦怠的影响》,

《心理学报》,2003,35(5),677—684

第三节

帮你找回幸福感
——教师工作压力与职业倦怠的应对

　　教师的职业生涯中注定要遭遇很多的压力,其中一些人会感到无助和脆弱,还有很多人对工作产生倦怠感。为了更好地成长与发展,我们需要学会应对这些压力,缓解倦怠感。那么,如何来缓解这些压力呢?

一、认知重构

　　学者们认为,并非环境本身有多大压力,而是对环境的知觉和解释使人感到压力。如果认知是消极的,那么无论事情本身是什么样子,对它的认知都可能被扭曲或放大,正所谓小山丘也会被看成是崇山峻岭,这便是认知扭曲。面对各种生活、工作的压力,如果我们有一种积极的认知,就不会有消极情绪和行为产生,压力也可以化为动力。古代谚语讲得好,同是铁窗外面的世界,一个人看到的是烂泥,一个人看到的是星星。

　　根据艾利斯的 ABC 理论,人的许多不良情绪与行为,往往都源于错误的认知(信念)。事件本身的刺激情境并非引起情绪反应的直接原因。个人对刺激情境的认知解释和评价才是引起情绪反应的直接原因。在 ABC 理论中,A(Activating event)代表引发事件,B(Beliefs)代表信念,C(Consequence)代表持有信念 B 所造成的情绪与行为的结果。如果信念 B 是消极的,个体产生的情绪及行为也是消极的;个体如果能够重新评价自己,重建对自己的信心,更改消极的观念,即通过认知重构,就可以产生积极的情绪和行为。因此要学会对不合理信念的劝导干预、自我辩论,与不合理信念作斗争,以合理信念取代不合理信念。

那么如何建立合理的信念呢?具体方法如下:(1)语义精确法。如,把"必须"换成"想要",把"绝对"换成"可能",把"要是……就糟糕透了"换成"要是……就很遗憾"等,目的是用比较合理的思维来评价事件和表达情绪。例如,把"我绝对做不到这一点"换成"这一点做起来可能有困难",把"所有的人都不喜欢我"换成"有些人不喜欢我",等等。(2)替代性选择。例如,"除了这个原因之外,还有没有其他的原因?"或者"这不是解决问题的唯一办法,似乎还有其他一些解决办法"。(3)去灾难化。如果事情一旦发生了,想一想最坏的可能性是什么? 如果对最坏的可能都能接受,那就没有什么不能接受的了。[①]

如果我们对教师这一职业有积极的认知,就不会觉得教师太忙、教师太累、教师太苦、教师太穷……就会对周围的世界常保持新鲜感,就会使单调重复的工作和生活变得丰富多彩,就会把平淡无奇的日子过得有滋有味。那么,每一节课都会像毕业实习课那样新鲜有趣,每一个学生都会像小天使那样天真可爱。教师如果"把学生看作天使,他便生活在天堂里;把学生看作魔鬼,他便生活在地狱中"。

我为什么要当老师

彼得·基·贝得勒

绝大多数人之所以如此杰出,是因为在他们需要时有一批默默无闻的教师。

---

① 郭念峰主编:《国家职业资格培训教程:心理咨询师(三级)》,民族出版社 2005 年版,第 114—129 页。

你为什么要当教师呢？当我的朋友问我这个问题时,我告诉他我不想被认为是处于达官显赫的这样一个境地。使他迷惑不解的是,我所抛弃的显然正是所有的美国孩子自幼所一直被教导去追求的人生成功之路:金钱和权力。

我当然不想当教师,因为教书对我来说简直太难了。在我妄想赖以谋生的所有职业中,像推土机手、木匠、大学管理人员、作家……当教师是最难的了。对我来说,教书意味着"熬红的双眼",因为我从未对自己的备课满意过,上课的前一天晚上我总是准备到深夜。"汗湿的手心",因为当我走进教室的时候永远是紧张的,生怕又会被发现犯了傻。"沉重的心情",因为当我一小时后走出教室时,可能又被认为上了一堂比以前更令人乏味的课。

我不想当教师,因为我认为我总是知道答案,或者我总想把我所知道的那些知识强让我的学生去接受。有时我简直怀疑我的那些学生们真的在课堂上把我所教给他们的都记下了吗?

那么,我为什么还要当教师呢?

我要当教师因为我喜欢学校工作日历所提供的生活节奏。六月、七月和八月的假期,给了我一个机会去思索、研究和写作,为今后的教学总结我的心得。

我要当教师因为教学永远是一个变化无穷的工作。甚至当我的教材是同样的,我总是改变着教学方法,然而更重要的是,我的学生总是在变化。

我要当教师因为我喜欢有出错的自由,有吸取教训的自由,有激励我自己和我的学生的自由。作为一个教师,我就是我自己的老板。即使我要求我的一年级新生去编一本如何写作文的教科书,谁又敢说不呢?这样的课程可能会完全失败,但我们都能从失败中学到些什么。

我要当教师,因为我喜欢提出那些学生必须尽力思索才能回答的问题。这世界充满着对蹩脚古怪问题的正确答案。在教学中,我有时有意回避那些正统的提问。

……

尽管如此,我还是忘了说我为什么要当教师的最重要的理由。

我的一位学生名叫乔治。他是我所教过的最聪明的学生之一。他一开始学的是工程学,而后他转学英语,因为他终于认识到他对人比对物更感兴趣。他一直在校学习直到他获得硕士学位。现在他在一所高级中学教英语。

另有一位学生名叫杰卡。她是一个十分爱整洁的人而且有着一种绝大多数哪怕学过分析学的人所不能及的学习天分。杰卡决定停止高中的学习而直接进入大学。

······

这些就是我为什么要当教师的理由。这些学生在我眼前成长、变化着。当一名教师就好比在创造生命,我可以看到我所孕育的泥人开始呼吸。没有什么能比那么近地亲眼看到生命的呼吸更令人激动的了。

不当教师,我或许可以得到地位、金钱和权力,但我是有钱的。我从我所最乐意去做的事情中得到了报酬:读书学习,和人们交谈,去发现或者去提出像这样的一个问题,"什么才是真正的富有?"

我也有权力。我有权力去提请别人注意,去展开有趣的话题,去问那些难以回答的问题,去表扬一个大胆的回答,去谴责掩盖真理,去向学生推荐书籍,去指出前进的道路。我还会去在乎其他什么权力吗?

但是当教师也确实提供了一些除了金钱和权力之外的东西:它提供了"爱"。不仅仅是对学习的爱,对书本的爱,对思想的爱,而且是作为一个教师所能感受到的那些难得的学生步入教师的生活并开始呼吸的爱。或许"爱"用在这儿并不尽意,用"神奇"一词更为恰当。

我当教师是因为我生活在那些开始呼吸的人们中间,我有时甚至能感受到他们的气息中也有我自己的气息。①

如果我们对生活有积极的认知,就会感到生活是美好的,人生是幸福的。幸福是一种主观感受,它与我们的积极认知有关。

---

① http://mingshi-yantai.qlteacher.com/studio/60245439/Article/8481

生活是美好的

契诃夫

生活是极不愉快的玩笑，不过要使它美好却也不难。为了做到这一点，光是中头彩赢了20万卢布、得了"白鹰"勋章、娶了个漂亮女人、以好人出名，还是不够的——这些福分都是无常的，而且也很容易习惯。

为了不断地感受到幸福，甚至在苦恼和愁闷的时候也感到幸福，那就需要：（一）善于满足现状；（二）很高兴地感到："事情原来可能更糟呢！"这是不难的。

要是火柴在你的衣袋里燃烧起来了，那你应当高兴，而且感谢上苍：多亏你的衣袋不是火药库。

要是你的手指上扎了一根刺，那你应当高兴："挺好，多亏这根刺不是扎在眼睛里！"

……

要是你有一颗牙齿痛起来，那你就该高兴，幸亏不是满口的牙都痛。

要是你挨了一顿桦木棍子的打，那就该蹦蹦跳跳，叫道："我多运气，人家总算没有拿带刺的棒子打我！"

要是你的妻子对你变了心，那就该高兴，多亏她背叛的是你，不是国家。

依此类推……朋友，照着我的劝告去做吧，你的生活就会欢乐无穷了。

改变了认知就看到了希望，就有了奋发向上的斗志，结果就会变化。

二、情绪宣泄

早在中国古代，人们就已意识到情绪对健康的重要性，根据《内经》的见解："心者，五脏六腑之大主也……故悲哀忧愁则心动，心动则五脏六腑皆摇。""喜伤心、怒伤肝、思伤脾、忧伤肺、恐伤肾"。如果把苦闷、悲伤、忧愁、烦恼、怨恨等压抑在心底，致使心烦意乱,看到任何人不顺眼,做任何事都不顺意。久而久之,便会消沉抑郁,极大地影响学习工作与身体健康。那么,一个人的负面情绪如何才能得以疏导呢?

首先,找人倾诉。倾诉就是将自己的喜怒哀乐、烦恼忧愁,毫无保留地说给对方听。倾诉是一种感情的宣泄,也是一种心理调节术。人生在世,不如意之事十有八九,难免产生苦闷和烦恼,这些苦闷和烦恼如果长期郁积在自己的心头,就会成为沉重的精神负担,成为心灵深处挥之不去的阴影,必然要损害心理健康,所以如果有了苦闷和烦恼,就要及时地找自己的知己朋友,或爱人倾诉一下,借此释放不快。同时,对方感同身受的语言、无言的支持,或是一句安慰的话,就可以使我们释然,心里也就没有了包袱。一份快乐两个人分享,就变成了两份快乐;一份痛苦,两个人分担,则痛苦只剩了一半。

其次,写作也不乏是一种较好的宣泄方式。写诗、写日记,也能使自己的不良情绪在字里行间得到排解。一个人静悄悄地在自己的天地里用纸和笔倾诉着,不但可以缓和当时的情绪,还可以将这种情绪体验当作回忆和借鉴的财富。

再次,在无人的地方嚎啕大哭或大声吼叫也是一种释放积聚的能量,调整机体平衡的方式,所以当我们忧愁、烦恼时,找一个适当的地方大哭一场或大喊一通也未尝不可。

另外,到室外打球、跑步、爬山、呼吸新鲜空气,到游乐场玩玩过山车、蹦极等,能使怒气随汗流淌掉。或引吭高歌,听听音乐,跳跳舞……或出去旅游,欣赏一路上的风光、风土人情、美食等等……都是不错的宣泄方式。

三、放松技术

当一个人放松时,其注意力就会集中在压力以外的事情上,帮助自己放松大脑,放松身体,排除由于压力带来的毒素。尤其是对于由压力引起的焦虑、忧虑的消失,有一定的效果。

（一）深呼吸

最简单的放松方法是深呼吸，它可以缓解紧张、焦虑等不良情绪，也可以改善因长时间工作学习导致的大脑缺氧引起的疲劳、注意力不集中等状况。具体做法：选择一个舒适的环境，可坐着或站着，姿势自然；将注意力集中在腹部（可以将手放在腹部）；进行腹式呼吸，双肩自然下垂，慢慢闭上双眼，然后慢慢地深深地吸气，吸到足够多时，憋气2秒钟，再把吸进去的气缓缓地呼出，重复数次。可以配合呼吸的节奏给予一些暗示和指导语："吸……呼……吸……呼……"，呼气的时候尽量告诉自己我现在很放松很舒服，注意感觉自己的呼气、吸气，体会"深深地吸进来，慢慢地呼出去"的感觉。这种方法虽然很简单，却常常起到很好的作用。如果你遇到紧张的场合，或是不知道自己该怎么办、手足无措之时，不妨先做一次深呼吸放松。

（二）肌肉放松

肌肉放松必须经过学习和训练才能学会，在一般情况下，放松训练程序要求训练者先自行紧张身体的某一部位，如用力握紧手掌10秒钟，使之有紧张感，然后放松约5—10秒。这样经过紧张和放松多次交互练习，训练者在需要时，便能随心所欲地充分放松自己的身体。通常施行紧张松弛训练的身体部位是手、手臂、脸部、颈部、躯干以及腿部等肌肉。放松的顺序一般是：

1. 紧握你的左拳——注意手和前臂的紧张，（5秒钟后）放松；

2. 紧握右拳——注意手和臂部的紧张感，（5秒钟后）放松；

3. 自左腕关节向上弯曲你的左手，尽量使手指指着肩部——注意手背和前臂肌肉的紧张——放松；

4. 自右腕关节向上弯曲你的右手，尽量使手指指着肩部——注意手背和前臂肌肉的紧张——放松；

5. 举起双手臂,用力将手指触至双肩——注意双臂肌肉的紧张——放松;

6. 耸起肩膀,越高越好——注意肩膀的紧张——放松;

7. 皱起额头——注意紧张,然后放松,并略为闭上眼睛;

8. 紧紧地合上双眼,试探紧张与放松的感觉,再轻轻闭着眼睛;

9. 用力将舌头抵住口腔上部——注意口腔内肌肉紧张——放松;

10. 紧闭双唇——注意口腔与下颚的紧张——放松;

11. 用力向后仰起头部——注意背部、肩膀以及颈部的紧张——放松;

……

（三）音乐放松

听音乐也是非常流行的放松方式。音乐对我们的生理和情绪状态具有巨大的影响,自古以来,小号和鼓点就起着鼓舞士气、激发力量的作用;音乐也有镇定和安抚的效果,一曲摇篮曲就可以把啼哭的婴儿送入梦乡。听音乐是常用的压力缓解方式,通过音符的变换、旋律的跃动可以调整生理唤醒状态和心境,达到放松的目的。

不同的音乐作用不同,如消除疲劳的音乐有:《矫健的步伐》,海顿的组曲《水上音乐》;激发人创新思维的音乐有:贝多芬的《热情奏鸣曲》;增强自信心的音乐:贝多芬的《命运交响曲》,海顿的《创世记》,柴可夫斯基的第六交响曲《悲怆》;镇静的音乐有:《塞上曲》、《春江花月夜》、《小桃红》等;缓解悲伤的音乐有:柴可夫斯基的第六交响曲《悲怆》;解除人忧郁的音乐有:《喜洋洋》、《春天来了》、《啊,莫愁》等等。

四、获取社会支持

有关社会支持的研究开始于上世纪 60 年代后期,社会支持是指个体在遭受挫折时所得到的他人的关心、帮助。关于压力对身心健康影响的研究表明,相同的压力情景对不同的个体所产生的影响和作用是不同的。相对而言,受到来自家人或朋友等较多支持的人比很少获得类似支持的人心理的承受力更强,身心也更健康。社会支持可以起到降低生活事件造成的紧张度,促进适应社会环境的作用。

有一首歌唱道"人字的结构就是相互支撑",确实,人生活在一个社会中,需要彼此的支撑和帮助。无论在物质上还是精神上,每个人都不可能完全独立,需要通过与周围人的相互作用获得这种支撑和帮助。假如这种相互作用质量好、水平高,个人的发展就会顺利;假如其质量差、水平低,个人的发展就会出现问题。

心理学家认为,人需要爱和关怀,如同吃饭一样是人的基本需要,哈罗著名的恒河猴实验是对这一观点的最有力的支持。用两个假的"母亲",一个是用金属做的,但能提供食物(乳汁),一个是用柔软的布做的,但不能提供食物。实验发现,如果强迫婴猴做一种选择,它们宁愿同一个温暖的、柔软的、毛巾质料的"母亲"接触,尽管这个"母亲"不能提供食物。而不喜欢同一个冰冷的、硬硬的金属质料的"母亲"接触,虽然这个母亲能提供食物,但它不可以拥抱。

生活中,我们都有自己的重要他人,亲人、朋友、同学、同事、邻里、老师、上下级、合作伙伴等都能够为个体提供社会支持。亲人给我们物质和精神上的帮助,朋友较多承担着情感支持,而同事及合作伙伴则与我们进行业务交流,上述众人构成了个体的社会支持系统。当我们高兴时,希望他们分享;当遇到痛苦时,就更需要他们的理解、同情、安慰、鼓励和支持。如果有一个自己信任的人在身边认真倾听自己的诉说,尽管他没有提供有价值的建议,但也有一种一吐为快的感觉。尤其对于陷入困境的人而言,社会支持犹如雪中送炭,带给我们持久的温暖、安全以及重振生活的信心、勇气和力量。那些与我们分享生活甘苦的人,给我们的生活增添了阳光。他们的存在,提升了我们的幸福感和成就感,使我们的人生变得丰富完满。

视窗8-3

社会支持评定量表

指导语:下面的问题用于反映您在社会中所获得的支持,请按各个问题的具体要求,根据您的实际情况填写。谢谢您的合作。

1. 您有多少关系密切,可以得到支持和帮助的朋友?(只选一项)

A. 一个也没有　　　　B. 1—2个　　　　C. 3—5个　　　　D. 6个或6个以上

2. 近一年来您:(只选一项)

(1) 远离家人,且独居一室　　　　(2) 住处经常变动,多数时间和陌生人住在一起

(3) 和同学、同事或朋友住在一起　　　　(4) 和家人住在一起

3. 您与邻居:(只选一项)

(1) 相互之间从不关心,只是点头之交　　　　(2) 遇到困难可能稍微关心

(3) 有些邻居很关心您　　　　(4) 大多数邻居都很关心您

4. 您与同事:(只选一项)

(1) 相互之间从不关心,只是点头之交　　　　(2) 遇到困难可能稍微关心

(3) 有些同事很关心您　　　　(4) 大多数同事都很关心您

5. 从家庭成员得到的支持和照顾(在无、极少、一般、全力支持四个选项中,选择合适选项)

I. 夫妻(恋人)　　　A. 无　　B. 极少　　C. 一般　　D. 全力支持

II. 父母　　　　　　A. 无　　B. 极少　　C. 一般　　D. 全力支持

III. 儿女　　　　　　A. 无　　B. 极少　　C. 一般　　D. 全力支持

IV. 兄弟姐妹　　　　A. 无　　B. 极少　　C. 一般　　D. 全力支持

V. 其他成员(如嫂子)A. 无　　B. 极少　　C. 一般　　D. 全力支持

6. 过去,在您遇到急难情况时,曾经得到的经济支持和解决实际问题的帮助的来源有:

(1) 无任何来源。

(2) 下列来源:(可选多项)

A. 配偶　　B. 其他家人　　C. 亲戚　　E. 同事　　F. 工作单位　　G. 党团工会等官方或半官方组织　　H. 宗教、社会团体等非官方组织　　I. 其他(请列出)

7. 过去,在您遇到急难情况时,曾经得到的安慰和关心的来源有:

(1) 无任何来源。

(2) 下列来源(可选多项)

A. 配偶　　B. 其他家人　　C. 朋友　　D. 亲戚　　E. 同事　　F. 工作单位G. 党团工会等官方或半官方组织　　H. 宗教、社会团体等非官方组织　　I. 其他(请列出)

8. 您遇到烦恼时的倾诉方式:(只选一项)

(1) 从不向任何人诉述　　　　(2) 只向关系极为密切的1—2个人诉述

(3) 如果朋友主动询问您会说出来　　(4) 主动诉述自己的烦恼,以获得支持和理解

9. 您遇到烦恼时的求助方式:(只选一项)

(1) 只靠自己,不接受别人帮助　　(2) 很少请求别人帮助

(3) 有时请求别人帮助　　(4) 有困难时经常向家人、亲友、组织求援

10. 对于团体(如党团组织、宗教组织、工会、学生会等)组织活动,您:(只选一项)

(1) 从不参加　　(2) 偶尔参加　　(3) 经常参加　　(4) 主动参加并积极活动

记分

(1)总分:即十个条目评分之和。(2)客观支持分:2、6、7 条评分之和。(3)主观支持分:1、3、4、5 条评分之和。(4)对支持的利用度:第 8、9、10 条评分之和。

汪向东:《心理卫生评定量表手册(增订版)》,中国心理卫生杂志社 1999 年版,第 127—131 页

主要参考文献

(1) 安德鲁·杜布林:《心理学与工作》,王佳艺译,中国人民大学出版社 2007 年版。

(2) 安德鲁·杜布林:《职业心理学——平衡你的工作与生活》,姚翔,陆昌勤译,中国轻工业出版社 2008 年版。

(3) Brian Luke Seaward:《压力管理策略——健康和幸福之道》,许燕等译,中国轻工业出版社 2008 年版。

(4) 曹蓉:《教师情绪智力影响教学效果的探析》,《高等理科教育》,2001 年第 5 期。

(5) 陈峰主编:《教育就是习惯培养》,九州出版社 2008 年版。

(6) 陈惠津:《教师职业成熟的阶段和标准》,《教育评论》,2003 年第 5 期。

(7) 陈开龙:《专家型教师是怎样炼成的》,《今日教育》,2009 年第 6 期。

(8) 陈永明主编:《现代教师论》,上海教育出版社 1999 年版。

(9) 程振响主编:《教师职业生涯规划与发展设计》,南京师范大学出版社 2006 年版。

(10) 程社明著:《你的职业——职业生涯开发与管理》,改革出版社 1999 年版。

(11) 董丽敏:《教师职业生涯周期——教师专业发展指导》,高耀明等译,中国轻工业出版社 2005 年版。

(12) 付蝶:《回归幸福感之路:论教师情绪智力的挖掘和培养》,《健康研究》,2009 年第 6 期。

(13) 高峰强等编著:《塑造完美的自我》,山东人民出版社 2000 年版。

(14) George M. Gazda, William C. Childers:《教师人际关系培养——教育者指南》(第七版),吴艳艳,杜蕾,陈伟嘉译,中国轻工业出版社 2008 年版。

(15) 胡剑锋主编:《大学生职业指导——精彩人生从此开始》,北京大学出版社 2006 年版。

(16) 胡永新著:《教师人力资源管理》,浙江大学出版社 2008 年版。

(17) 霍吉著:《习惯的力量》,吴溪译,当代中国出版社 2004 年版。

（18）纪国和,李国佳:《浅析教师职业生涯规划与教师专业发展之关系》,《当代教师教育》,2010 年第 1 期。

（19）李明军:《中小学教师情绪工作策略、情绪智力与工作满意度的关系》,《中国健康心理学杂志》,2011 年第 6 期。

（20）连榕编著:《教师职业生涯发展》,中国轻工业出版社 2008 年版。

（21）连榕:《新手—熟手—专家型教师心理特征的比较》,《心理学报》,2004 年第 1 期。

（22）林荣瑞编著:《管理技术》,厦门大学出版社 2000 年版。

（23）刘淑玲主编:《师范生职业发展与就业指导》,高等教育出版社 2010 年版。

（24）刘志东,王悦:《浅谈教师的"终身教育、终身学习"》,《克山师专学报》,2004 年第 2 期。

（25）Lorne Sulsky, Carlla Smith:《工作压力》,马剑虹等译校,中国轻工业出版社 2007 年版。

（26）陆露:《中小学教师职业规划的实践研究》,华中师范大学硕士学位论文,2008 年。

（27）罗小兰主编:《教师心理学》,中国社会出版社 2008 年版。

（28）马凤芹:《新教师适应期的心理问题及引导》,《教学与管理》,2010 年第 12 期。

（29）茅海燕,罗立新编著:《教师语言表达学》,中国轻工业出版社 2008 年版。

（30）孟慧编著:《职业心理学》,中国轻工业出版社 2009 年版。

（31）常虎温编著:《我的未来我做主——教师职业生涯发展规划设计》,吉林大学出版社 2008 年版。

（32）彭聃龄主编:《普通心理学》,北京师范大学出版社 2003 年版。

（33）Ralph Fessler , Judith C. Chvistensen:《教师职业生涯周期——教师专业发展指导》,董丽敏,高耀明等译,中国轻工业出版社 2005 年版。

（34）饶素玉,何应林:《论反思与"双师型"教师的职业生涯发展》,《科技信息》,2006 年第 5 期。

（35）斯坦托姆,汪琛:《怎样成为优秀教师》,《国外教育动态》,1983 年第 1 期。

（36）史蒂芬·柯维著:《高效能人士的七个习惯》,王亦兵等译,中国青年出版社 2008

年版。

(37) 孙孔鼓主编:《学校时间管理学》,江苏教育出版社1990年版。

(38) 孙鹏:《新教师心理不适应原因及消解》,《安庆师范学院学报(社会科学版)》,2007年第4期。

(39) 唐江澎:《学习,生命存在的方式》,《人民教育》,2004年第1期。

(40) 唐晓林主编:《大学生职业生涯规划与就业指导》,中国言实出版社2006年版。

(41) 王荣发主编:《职业发展导论——从起步走向成功》,华东理工大学出版社2007年版。

(42) 魏卫主编:《职业规划与素质培养教程》,清华大学出版社2008年版。

(43) 吴江主编:《职业生涯发展》,中国劳动社会保障出版社2008年版。

(44) 伍新春,张军编著:《教师职业倦怠预防》,中国轻工业出版社2008年版。

(45) 熊苹著:《职业生涯规划》,中南大学出版社2006年版。

(46) 许淑莲,申继亮著:《成人发展心理学》,人民教育出版社2006年版。

(47) 杨雪梅:《学会管理自己更重要》,《中国教育报》,2008年10月7日。

(48) 叶飞著:《把优秀当成一种习惯》,武汉出版社2009年版。

(49) 叶澜,白益民,王枬,陶志琼著:《教师角色与教师发展新探》,教育科学出版社2001年版。

(50) 约翰·W·桑特洛克:《毕生发展》,桑标等译,上海人民出版社2009年版。

(51) 岳健:《教师职业发展规划:学校与教师双赢的计划》,中国教育先锋网,2007年。

(52) 臧小林:《重庆市高职学生职业生涯规划研究》,西南大学硕士学位论文,2009年。

(53) 战玉建,巴东新:《论教师的终身学习》,《河北旅游职业学院学报》,2008年第4期。

(54) 张洪亮主编:《教师专业发展导引》,天津教育出版社2010年版。

(55) 张韧:《教学专长:教师专业发展的一个基本路向》,《青海师范大学学报(哲学社会科学版)》,2007年第4期。

(56) 张素怡:《终身学习观与教师职业生涯发展》,《福建论坛(人文社会科学版)》,

2007 年第 1 期。

(57) 张天乾,庞湘萍:《反思性教学与教师职业发展》,《北京航空航天大学学报(社会科学版)》,2003 年第 4 期。

(58) 张武华,周琳主编:《大学生职业规划与就业指导》,华南理工大学出版社 2007 年版。

(59) 赵昌木:《教师反思的维度》,《早期教育(教师版)》,2004 年第 7 期。

(60) 赵振杰主编:《习惯教育论——一种教育哲学的思考向度》,浙江大学出版社 2008 年版。

(61) 周坤著:《第五代时间管理》,北京大学出版社 2006 年版。

(62) 佐斌编著:《教师人际关系和谐》,中国轻工业出版社 2008 年版。

后记

　　对教师专业成长与发展的关注已经成为世界性的潮流,在我国,教师专业发展也是教师教育改革的核心。教师的专业成长与发展,重要的是教师的自主发展,而教师职业生涯规划就是教师自主发展的一项重要措施。因此,教师职业生涯规划与教师专业发展是统一的:一方面,教师职业生涯的演进过程也就是教师专业发展的过程,教师职业生涯的成功与失败也主要以其专业发展的性质和水平来衡量;另一方面,教师的专业发展又是在教师职业生涯周期的框架内进行的。本书以加快教师专业成长,提升职业竞争力为出发点,以个人职业生涯规划为基础,帮助教师科学认知自我,掌握职业生涯规划的方法,合理规划自己的职业生涯,从而实现个人专业发展。

　　"凡事预则立,不预则废。"一个人的职业生涯是否成功,尽管往往取决于机遇、命运或他人的影响,但最根本的乃是决定于自己是否具有管理和计划职业生涯的能力。教师职业生涯规划有助于教师认清自己人生与事业的目标,看到自身的发展前景,并在此基础上制订一套可行的行动计划,增强自身发展的目的性与计划性,增加成功的机会。教师职业生涯规划还有助于增加教师在工作中的动力,使教师能够最大限度地挖掘自身潜能,更好地创造自我价值和社会价值,从而体会到自我实现的满足感。因此有规划的生涯比没有规划的生涯更容易取得事业的成功。

本书共包括三编八章,第一编为职业生涯规划与发展概述,主要介绍职业生涯的基本概念、理论和教师职业生涯的目标。第二编为教师职业生涯规划的技术,翔实阐析教师职业生涯规划的具体方法,包括如何认识自己,对教师职业的选择,对教师职业目标与预期成就的设想,对成长阶段步骤和环境条件的考虑以及如何实施个人规划。第三编为推进教师职业生涯发展的相关策略,主要包括在职业生涯实践过程中怎样推进职业发展,实现职业生涯的成功。在此过程中教师往往要经历各种各样的挫折,如人际关系的障碍、工作中的倦怠等,教师只有积极地面对这些挫折才能取得职业生涯的成功。

本书是为广大基础教育教师编写的,许多案例也来自他们的实践,同时也适合即将走上教师工作岗位的师范生。

本书由本人负责拟定编写大纲,各章的撰写具体分工如下:第一章王欣;第二章陈衍;第三章杨超楠、徐兆军;第四章杜秀芳、李假、袁鹏阳;第五章徐兆军;第六章刘丹丹;第七章张科、张艳梅;第八章杜秀芳、郭凌霄。全书成稿后,由我完成统稿工作。另外,周阿妮、夏青对部分章节做了大量的前期工作。感谢所有参编人员的辛勤劳动,没有他们所付出的巨大努力,难以完成本书的编写工作。

衷心感谢丛书的主编高峰强博士自始至终的指导,在编写过程中高老师给了我们许多重要的编写建议,他对本书进行了两次逐字逐句的审读,尤其在遣词造句方面提出了具体的修改意见。

本书在写作过程中,参考或引用了国内外同行的大量著述,限于篇幅,书中未能一一列出,在此一并表示感谢。

由于作者水平所限,书中错误缺点在所难免,敬请广大读者批评指正。

杜秀芳

2014 年 4 月 29 日

于泉城

后　记